Can you circle the hidden words?

```
S T E P M O T H E R
M G E W L H X M Y C
B J G V H G O A T P
I W G F J F O O O G
C O J S N T H K I P
N I N E T E E N U L
V R E G X N G O L H
E O S G K X K S K W
P T I W A R Z R K S
B A S K E T B A L L
```

STEPMOTHER

సవతి తల్లి

NINETEEN

పందొమ్మిది

BASKETBALL

బాస్కెట్‌బాల్

GOAT

మేక

Can you circle the hidden words?

S	H	C	O	W	E	I	M	X	Z
Z	M	D	J	B	R	I	A	W	S
Z	L	D	B	M	J	Z	V	A	L
C	A	R	P	E	T	S	E	Z	V
E	S	I	X	V	I	U	Q	B	V
Z	N	Q	Z	Z	E	L	B	S	V
W	V	L	Y	M	J	J	U	X	X
Q	A	T	P	B	H	Z	H	Z	H
Y	L	F	F	O	G	G	Y	K	V
X	F	Z	L	E	G	L	A	B	L

SIX

ఆరు

CARPET

కార్పెట్

COW

ఆవు

FOGGY

పొగమంచు

Can you circle the hidden words?

K	I	Z	C	D	P	C	W	G	S
V	A	M	D	I	A	P	E	R	Q
C	O	W	O	N	K	V	T	Q	V
J	Y	Y	K	G	I	Y	I	N	D
V	G	O	E	B	O	R	Y	E	Z
M	C	A	D	N	I	K	R	V	Y
C	J	E	W	W	X	F	C	Q	I
Z	O	T	H	R	O	A	T	V	T
D	T	O	E	S	H	D	A	Y	X
C	B	T	A	E	C	E	F	O	H

COW

ఆవు

THROAT

గొంతు

DIAPER

డైపర్

TOES

కాలి

Can you circle the hidden words?

R	E	R	O	M	W	V	A	N	J
X	A	P	I	C	T	U	R	E	O
E	V	T	U	H	Q	I	M	M	X
N	M	T	O	W	E	L	S	T	E
F	L	X	J	X	C	F	Y	T	Z
Q	L	C	H	E	E	S	E	Q	V
J	J	I	A	I	L	I	F	X	G
Z	H	P	A	W	D	Y	U	M	C
F	Q	O	P	V	G	C	Z	W	M
O	E	V	W	K	N	M	B	W	H

PICTURE

పిక్చర్

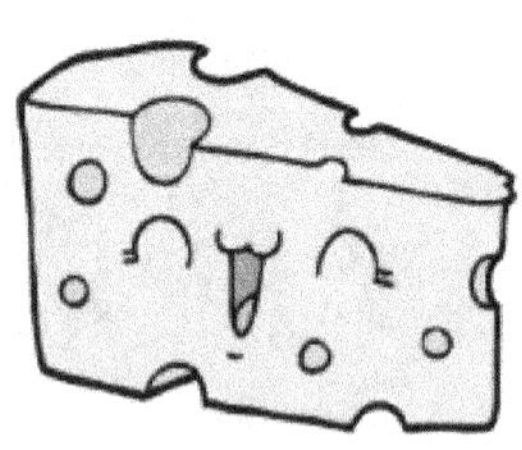

CHEESE

చీజ్

VAN

వాన్

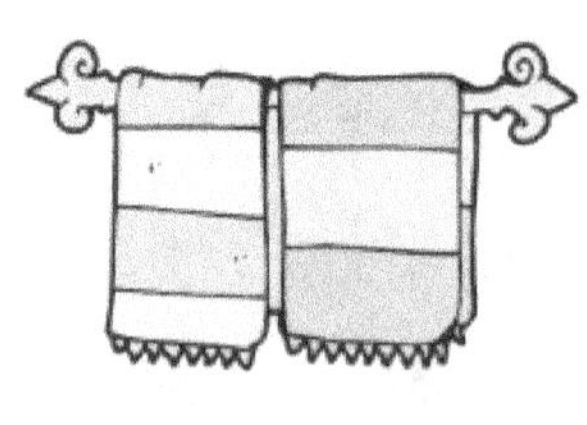

TOWEL

టవల్

Can you circle the hidden words?

P	E	E	Z	V	Y	X	W	Q	T
R	A	I	N	C	O	A	T	B	X
L	F	T	T	U	R	N	I	P	I
N	G	V	M	O	U	T	H	Q	B
G	I	P	X	V	H	N	U	N	V
M	P	A	R	R	O	T	E	C	J
Q	W	C	E	K	X	A	B	Q	S
R	T	H	G	Q	X	G	L	C	M
W	C	Q	S	P	H	P	S	W	A
L	Y	R	J	U	D	K	R	R	W

MOUTH

నోటి

TURNIP

టర్నిప్

RAINCOAT

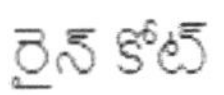

రైన్ కోట్

PARROT

చిలుక

Can you circle the hidden words?

G	W	Q	B	V	W	D	P	F	X
M	C	E	O	A	T	P	O	X	F
S	A	U	C	E	R	X	J	Y	V
Q	X	R	X	F	M	K	V	X	Z
Z	B	U	T	C	H	E	R	R	O
Z	V	Y	O	G	A	E	H	F	L
R	H	E	Z	Z	J	C	W	C	M
W	Q	G	U	T	E	V	R	R	A
X	Z	T	U	Y	S	U	A	D	O
P	N	P	I	N	S	M	E	E	A

BUTCHER

బుచ్చెర్

SAUCER

సాసర్

YOGA

యోగ

PINS

పిన్స్

Can you circle the hidden words?

F	I	R	E	P	L	A	C	E	B
F	S	P	S	O	A	P	V	I	Y
O	R	A	N	G	E	N	L	O	S
L	D	H	Z	U	T	N	G	G	N
J	Y	H	V	L	R	U	V	I	N
M	H	D	A	J	W	Z	H	F	D
J	L	H	O	V	G	D	N	X	V
P	O	M	G	O	A	T	W	A	N
Q	L	Q	Y	E	X	I	W	T	I
F	S	C	P	L	X	P	H	N	J

FIREPLACE

అగ్నిమాపక

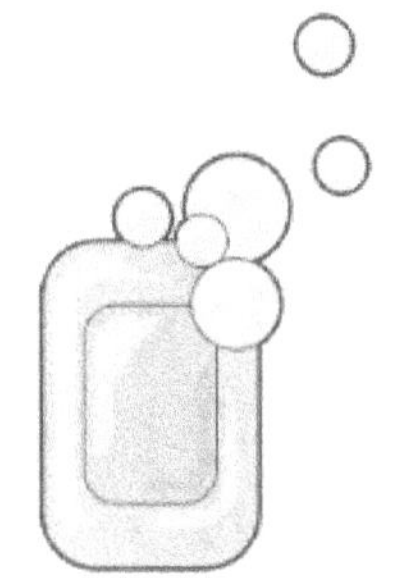

SOAP

సోప్

ORANGE

నారింజ

GOAT

మేక

Can you circle the hidden words?

Y	J	L	R	H	O	R	S	E	P
C	U	D	W	X	S	O	D	A	C
C	U	P	E	B	Z	E	J	W	Q
L	S	H	I	P	P	A	X	F	P
R	L	E	M	O	N	A	D	E	L
O	F	P	S	L	K	Z	R	V	V
D	I	A	K	Z	M	U	W	F	U
F	D	V	D	U	P	I	S	O	M
C	W	Z	O	J	P	H	I	L	J
Q	R	T	K	N	C	N	O	I	Z

LEMONADE

నిమ్మరసం

HORSE

గుర్రం

SODA

సోడా

SHIP

నౌక

Can you circle the hidden words?

H	A	I	R	D	R	Y	E	R	H
E	T	T	C	K	V	A	H	Q	V
N	Y	V	I	G	A	J	T	C	O
C	I	Y	L	C	G	V	A	W	I
T	E	A	Q	Z	W	I	K	J	N
O	I	G	U	A	X	Z	I	V	I
Q	C	F	Y	M	I	O	U	Y	E
Y	I	T	L	C	O	W	Z	L	P
T	H	I	N	K	I	N	L	O	Q
X	Q	V	H	A	S	E	K	D	Y

THINK

థింక్

COW

ఆవు

HAIR DRYER

హెయిర్ డ్రైయర్

TEA

టీ

Can you circle the hidden words?

```
J  T  I  J  M  X  R  L  M  H
J  R  R  C  I  F  R  C  N  M
C  N  Q  E  S  O  C  K  S  U
V  J  J  S  L  E  E  P  E  T
N  L  Q  O  C  J  I  M  R  S
D  K  I  B  Z  Z  U  U  J  Z
U  X  N  W  N  I  H  S  T  W
O  R  A  N  G  E  Z  A  G  G
Y  D  B  I  S  Z  I  P  C  K
E  K  V  L  I  M  E  V  S  H
```

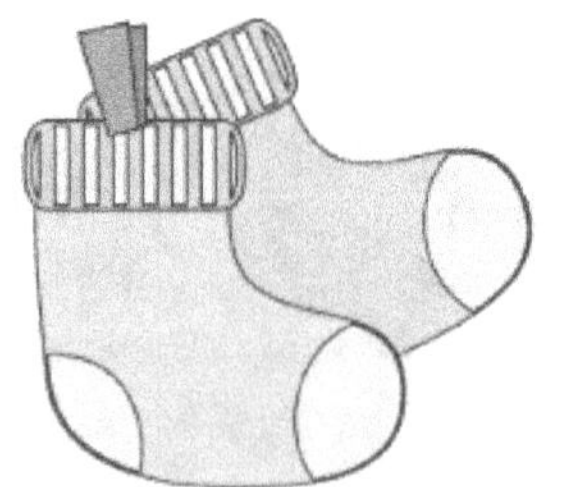

SOCKS

సాక్స్

SLEEP

స్లీప్

ORANGE

నారింజ

LIME

నిమ్మ

Can you circle the hidden words?

F	L	S	I	K	N	I	F	E	A
M	E	C	H	I	C	K	E	N	B
V	J	Q	W	S	L	E	E	P	F
S	G	G	D	A	V	R	G	Q	N
V	J	N	J	E	O	Y	U	C	D
N	J	I	R	G	J	J	X	D	T
P	U	D	D	I	N	G	J	Y	Y
W	I	R	G	K	L	I	F	B	Y
P	O	Q	T	W	V	R	Q	B	E
M	E	T	N	Y	L	R	Z	D	L

SLEEP

స్లీప్

CHICKEN

చికెన్

PUDDING

పుడ్డింగ్

KNIFE

కత్తి

Can you circle the hidden words?

W	H	Y	Q	D	K	Y	B	M	N
G	K	O	O	L	Z	A	H	U	X
O	N	J	A	S	Q	V	D	R	U
Y	L	I	O	N	Q	N	Z	N	E
Y	I	W	H	I	O	Z	G	S	E
S	L	F	A	U	C	E	T	I	G
I	C	O	A	T	N	H	M	G	N
R	Q	Y	J	B	K	W	V	E	D
M	I	C	R	O	W	A	V	E	N
G	W	E	Y	O	R	O	Z	A	U

LION

సింహం

FAUCET

వేసిపుండే చిన్న గొట్టము

COAT

కోటు

MICROWAVE

మైక్రోవేవ్

Can you circle the hidden words?

C	H	I	D	E	J	X	N	K	P
G	C	V	V	C	L	Y	B	R	B
M	I	V	U	E	W	M	Z	U	T
V	V	R	D	I	F	I	S	H	T
O	E	G	A	P	T	T	S	U	P
G	S	B	W	T	V	G	L	J	U
B	Y	B	L	R	L	M	T	D	R
S	O	D	A	W	Y	F	V	C	J
L	F	O	X	I	Q	O	B	S	M
S	O	N	O	Y	O	H	Y	H	D

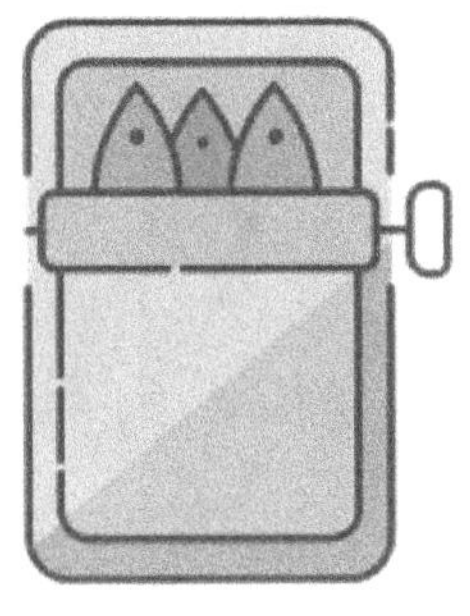

FISH

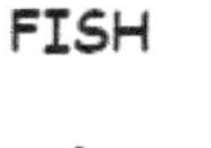

చేప

FOX

నక్క

SODA

సోడా

SON

కుమారుడు

Can you circle the hidden words?

A	F	M	O	V	L	Q	Q	U	W
C	A	R	R	A	C	I	N	G	Y
N	I	H	H	U	W	Q	S	Z	D
V	P	B	E	I	S	E	W	H	H
F	I	J	C	R	A	B	O	K	K
X	D	R	V	W	A	P	O	P	V
S	I	Z	N	G	S	I	X	I	V
Y	K	R	I	B	M	N	D	A	S
V	B	C	F	T	E	E	L	D	T
R	T	I	G	L	O	V	E	S	L

SEW

కుట్టుమిషన్

CRAB

పీత

GLOVES

చేతి తొడుగులు

CAR RACING

కారు పందేలు

Can you circle the hidden words?

S	D	N	W	K	L	I	P	X	V
O	Y	V	V	A	M	G	Q	Z	L
S	V	C	B	T	A	P	N	Y	M
F	S	A	T	U	R	D	A	Y	D
G	P	W	M	N	B	K	A	P	H
B	L	E	N	D	E	R	Y	T	A
T	P	B	N	C	O	L	D	B	O
Y	Z	J	C	B	K	Q	J	U	R
W	I	Y	D	S	S	F	Z	H	J
W	E	D	N	E	S	D	A	Y	B

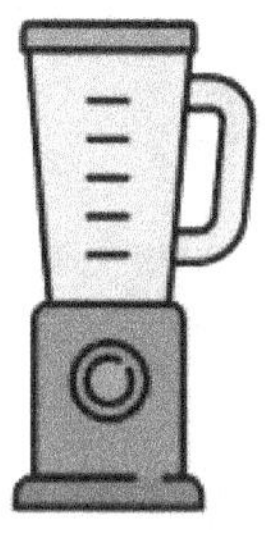

Saturday   Wednesday

BLENDER	COLD	SATURDAY	WEDNESDAY
బ్లెండర్	చల్లని	శనివారం	బుధవారం

Can you circle the hidden words?

C	I	L	O	W	B	T	J	T	M
W	L	P	S	B	S	B	H	T	S
D	I	V	S	S	L	M	F	I	O
S	L	I	P	P	E	R	S	I	Z
T	F	N	P	F	S	Z	I	X	O
E	U	O	F	I	B	J	G	C	E
G	R	A	N	D	S	O	N	Q	C
P	Y	D	R	I	L	L	D	B	X
N	H	B	E	L	L	X	X	Z	M
Z	A	T	C	N	T	P	Q	V	Z

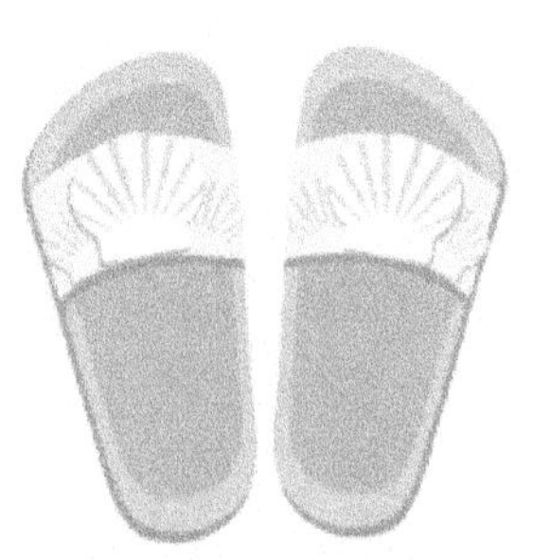

SLIPPERS

చెప్పులు

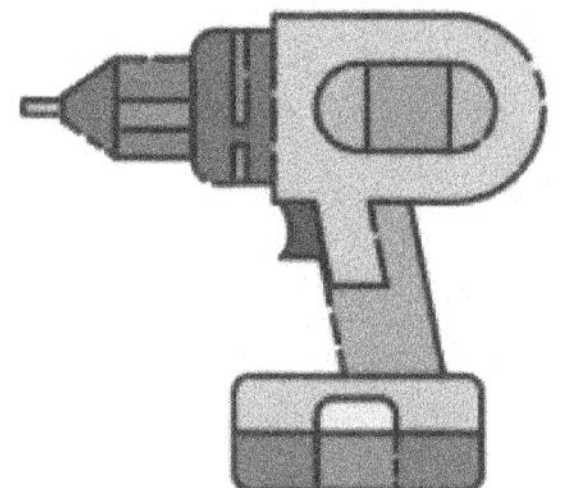

DRILL

డ్రిల్

BELL

బెల్

GRANDSON

మనవడు

Can you circle the hidden words?

H	T	O	Y	U	B	H	W	L	F
T	W	Y	R	Z	Y	J	C	G	K
T	A	L	K	L	L	K	I	E	D
W	E	G	X	H	Q	Z	Y	X	C
D	X	W	A	T	C	H	T	V	A
O	F	P	I	C	M	M	I	G	L
S	R	P	Z	L	T	U	Z	A	V
D	Q	H	Z	K	I	M	L	Z	C
Y	M	P	O	V	I	D	D	P	C
P	T	T	I	E	C	G	U	P	L

TIE

నెక్టై

TALK

చర్చ

TOY

టాయ్

WATCH TV

టీవీ చూడండి

Can you circle the hidden words?

```
A S Z X R L X F T B
I L F D T V V T U S
X A E S T Q G F F H
N W I A B W I Z K F
K Z I C V K T H R X
D R A B B I T L U S
D I P R Q I O R S O
E Q U E E N N U V W
W A T E R M E L O N
S H R I M P J D E B
```

QUEEN

రాణి

RABBIT

కుందేలు

WATERMELON

పుచ్చకాయ

SHRIMP

(శిమ్ప్

Can you circle the hidden words?

N	Q	B	E	Z	F	U	X	P	G
J	E	I	G	H	T	E	E	N	Q
L	W	D	L	Q	D	K	K	E	U
E	R	B	N	U	Q	C	Y	U	S
S	H	O	U	L	D	E	R	S	Q
T	H	I	R	T	E	E	N	T	Z
Y	W	R	X	U	S	X	G	I	K
C	P	D	X	X	M	O	H	O	H
W	D	X	H	E	A	R	T	S	J
V	N	O	G	J	T	C	C	L	F

THIRTEEN

పదమూడు

SHOULDERS

భుజాలు

EIGHTEEN

పద్దెనిమిది

HEART

హార్ట్

Can you circle the hidden words?

A	S	I	E	F	U	H	V	P	X
J	M	T	M	K	B	T	S	J	G
J	X	L	Q	X	K	Y	B	E	W
M	L	T	H	B	A	P	G	T	K
F	C	C	C	K	R	A	L	Y	X
V	O	L	L	E	Y	B	A	L	L
Z	R	P	I	Z	Z	A	Z	C	G
I	Z	S	C	A	L	E	B	Y	T
W	B	N	E	B	B	I	Y	E	O
I	X	I	N	L	L	I	P	S	H

LIPS

పెదవులు

PIZZA

పిజ్జా

SCALE

స్కేల్

VOLLEYBALL

వాలీబాల్

Can you circle the hidden words?

```
C R A B S O S T E Y
C B W P U N U I O P
P G O X D B S E I H
J C D J T R T A D B
W J U L E V R P R K
R A I N C O A T D B
S H O U L D E R S U
Z J G E Z W L X T A
F D T A L S Q L V H
I S H E E P I F J S
```

CRAB

పీత

SHEEP

గొర్రె

RAINCOAT

రైన్ కోట్

SHOULDERS

భుజాలు

Can you circle the hidden words?

R	F	F	G	B	E	E	U	L	K
F	B	O	O	T	S	S	W	B	U
G	P	O	T	O	L	J	M	A	M
C	V	A	Q	T	F	E	U	G	C
T	R	U	C	K	V	Y	M	W	R
I	N	Q	S	A	U	C	E	R	V
U	F	F	H	W	P	Z	B	N	T
F	Y	J	E	T	D	F	C	R	K
Q	V	Y	O	C	O	R	E	F	S
S	R	J	R	U	N	U	P	C	P

TRUCK

ట్రక్

BOOTS

బూట్లు

SAUCER

సాసర్

JET

జెట్

Can you circle the hidden words?

D	H	E	A	R	T	G	Y	O	E
Y	C	E	B	E	E	T	V	S	T
T	B	E	I	V	D	V	R	F	O
J	G	V	I	U	F	P	M	W	C
F	R	Y	U	D	T	Q	Z	K	T
Y	Y	J	O	C	T	T	X	B	F
S	F	K	O	B	P	K	E	J	W
U	S	X	C	L	U	O	R	L	R
E	V	K	N	X	E	B	C	G	O
C	O	M	B	P	J	R	B	O	R

COMB

దువ్వెన

HEART

హార్ట్

BEE

బీ

FRY

వేసి

Can you circle the hidden words?

```
Y W L P L D S Z V Z
A S A U S A G E A J
Q Q V Y G U M N H N
B U C K E T E X O D
T C H F X F N R Z F
U T W U L I J L B M
L E O H L X I S C B
Y C W D D A C O M A
K E R L H A I R R F
V G D E S K S F B V
```

SAUSAGE

సాసేజ్

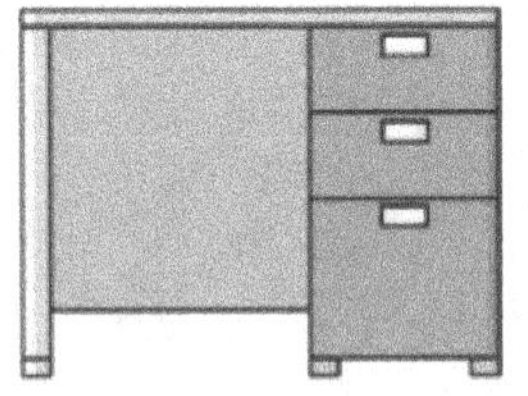

DESK

డెస్కులు

HAIR

జుట్టు

BUCKET

బకెట్

Can you circle the hidden words?

B	B	I	U	F	Q	L	N	T	H
M	I	K	K	R	E	D	Y	I	T
M	O	C	T	A	G	O	N	Q	X
Q	H	B	I	I	Z	B	A	U	C
U	P	I	N	K	T	F	A	P	E
W	E	O	H	E	S	E	A	G	P
U	X	S	P	W	T	M	Y	V	Y
Y	G	T	J	X	L	J	Y	E	N
W	X	Z	Q	B	S	F	B	S	L
A	I	R	P	L	A	N	E	W	H

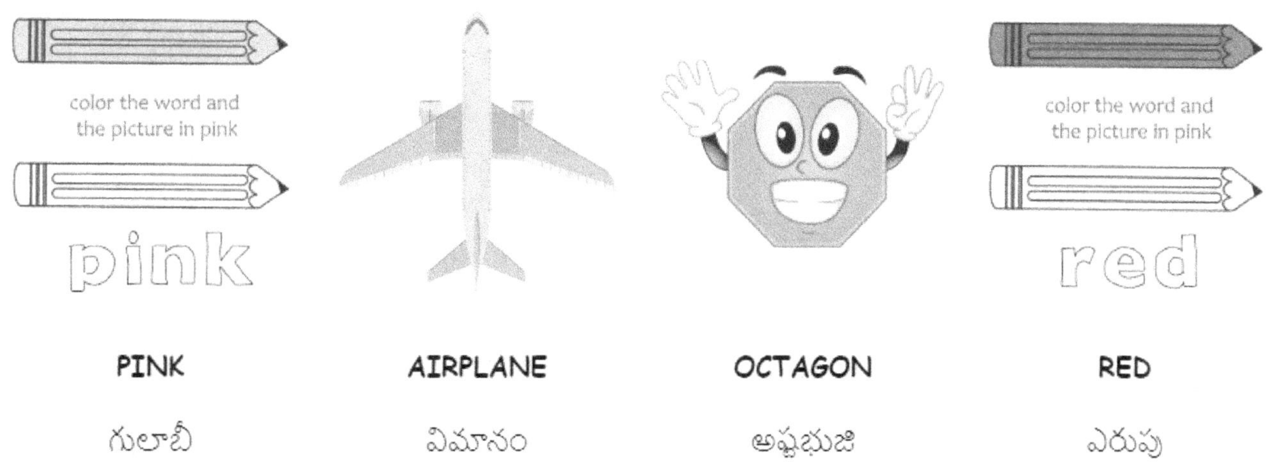

PINK	AIRPLANE	OCTAGON	RED
గులాబీ	విమానం	అష్టభుజి	ఎరుపు

Can you circle the hidden words?

N	A	Q	J	P	V	E	F	K	Z
Z	L	C	G	K	Y	T	N	G	G
U	I	J	Y	H	S	O	M	P	S
R	A	Y	M	T	I	G	E	R	B
D	R	I	L	L	A	V	D	N	A
Y	D	H	Y	R	B	Q	T	Q	H
C	B	Z	B	L	U	E	R	J	X
S	Y	B	R	J	Z	H	P	I	X
Z	K	N	M	I	F	O	U	R	E
C	S	L	D	W	N	O	N	S	H

BLUE	DRILL	FOUR	TIGER
నీలం	డ్రిల్	నాలుగు	పులి

Can you circle the hidden words?

U	I	C	E	C	R	E	A	M	G
H	A	I	R	D	R	Y	E	R	C
Y	K	A	G	Y	U	Z	M	C	C
S	F	B	Z	P	Q	D	U	A	I
M	I	L	K	S	H	A	K	E	T
A	A	U	Q	D	H	Z	R	R	Z
H	J	R	F	M	X	K	Z	D	M
A	H	Z	M	C	L	J	D	V	X
S	B	Y	Q	F	A	L	U	E	G
Y	K	A	N	T	A	G	O	Z	O

HAIR DRYER

హెయిర్ డ్రైయర్

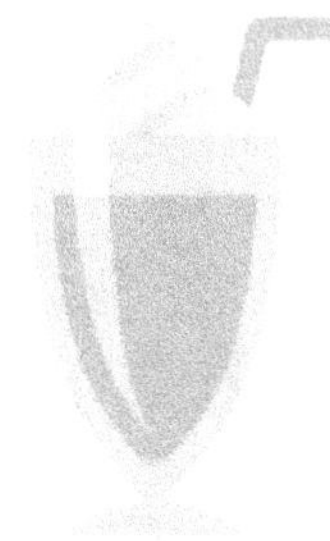

MILKSHAKE

MILKSHAKE

ANT

చీమల

ICE CREAM

ఐస్ క్రీం

Can you circle the hidden words?

O	F	N	I	F	I	G	H	T	A
S	I	B	Z	B	X	B	J	D	B
T	V	J	B	G	L	A	S	S	U
A	Q	A	P	H	O	G	O	I	N
D	Q	V	I	G	O	J	Z	D	A
D	E	C	D	K	S	C	D	W	R
Z	D	B	N	K	G	I	C	K	R
C	R	A	B	Y	X	X	I	W	X
C	C	S	X	I	G	W	W	G	H
S	C	I	S	S	O	R	S	U	S

GLASS

గ్లాస్

FIGHT

ఫైట్

SCISSORS

కత్తెర

CRAB

పీత

Can you circle the hidden words?

F	R	L	O	A	H	B	Q	A	E
J	P	A	R	R	O	T	W	V	I
W	K	N	F	D	R	E	A	M	N
C	X	Y	S	I	U	Z	T	S	H
B	A	S	K	E	T	B	A	L	L
J	F	H	Y	S	E	P	B	P	A
N	H	I	F	O	U	R	Z	S	I
O	N	E	C	Z	N	G	D	D	J
H	L	C	P	A	O	V	R	F	U
H	M	Q	P	B	E	H	C	A	Z

FOUR

నాలుగు

DREAM

కల

BASKETBALL

బాస్కెట్బాల్

PARROT

చిలుక

Can you circle the hidden words?

C	J	P	Z	B	B	E	J	U	F
V	W	F	W	P	E	C	M	O	K
P	L	E	M	I	L	K	P	Z	Q
Y	I	Q	M	Y	E	B	V	R	O
S	E	V	E	N	T	E	E	N	D
Q	H	T	J	S	P	I	U	E	Z
I	Z	C	A	R	P	E	T	K	Q
Z	L	Y	P	V	J	J	W	O	G
M	F	R	O	G	L	I	K	D	B
Z	L	M	B	J	U	O	N	U	E

FROG

కప్ప

CARPET

కార్పెట్

SEVENTEEN

పదిహేడు

MILK

మిల్క్

Can you circle the hidden words?

Q	R	A	N	O	D	C	B	N	B
E	I	I	T	K	K	E	M	K	X
H	S	P	B	P	S	Y	P	C	U
J	H	L	P	O	T	A	T	O	Z
N	X	Q	T	U	L	O	F	A	S
Q	U	S	U	N	N	Y	O	T	U
Z	T	D	X	K	X	B	C	H	U
U	I	O	F	R	W	G	Y	R	W
C	O	W	F	A	A	U	Q	Z	R
H	O	P	E	C	H	E	S	T	D

HOPE CHEST

డ్రాయర్‌తో బాక్స్

COW

ఆవు

SUNNY

ఎండ

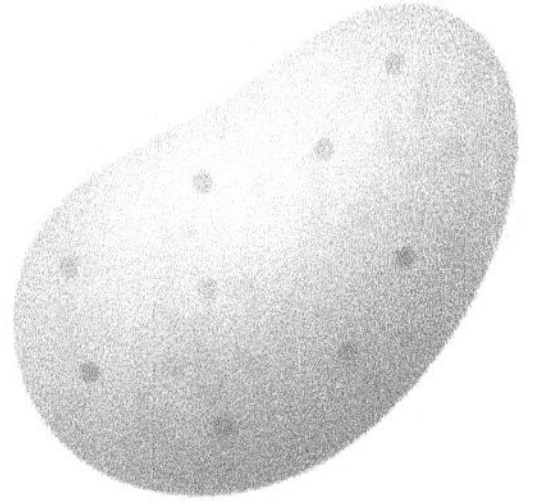

POTATO

బంగాళాదుంప

Can you circle the hidden words?

I	V	N	K	D	V	E	S	Y	E
R	M	M	D	J	R	Y	F	B	R
D	C	I	R	C	L	E	J	K	Z
T	S	H	O	O	T	I	N	G	K
B	W	F	C	F	K	Z	K	H	Q
W	R	E	S	T	L	I	N	G	G
M	W	S	C	C	L	A	S	R	E
V	K	G	C	X	X	X	A	B	V
B	B	Y	S	W	O	R	M	W	T
Y	C	B	Q	E	K	A	S	T	V

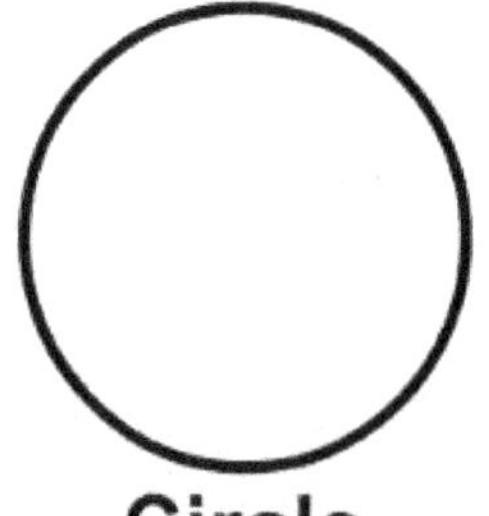

Circle

SHOOTING	CIRCLE	WORM	WRESTLING
షూటింగ్	వృత్తం	వార్మ్	రెజ్లింగ్

Can you circle the hidden words?

A	D	Y	Y	N	T	B	I	M	J
Z	B	R	C	S	J	X	A	E	C
P	D	H	N	H	U	M	X	F	S
C	L	I	M	B	U	W	Y	S	R
B	U	T	O	A	S	T	E	R	O
S	S	K	E	T	T	L	E	W	G
M	V	Q	Q	H	W	E	Z	U	M
D	D	I	O	D	G	G	C	P	N
S	S	H	O	O	T	I	N	G	R
G	O	N	P	E	W	Q	J	P	C

TOASTER

కాల్పువాడు

KETTLE

కేటిల్

SHOOTING

షూటింగ్

CLIMB

ఎక్కడం

Can you circle the hidden words?

Q	S	Z	E	O	M	J	L	K	U
U	K	V	B	H	T	B	U	M	D
R	M	T	T	D	Z	I	L	U	O
T	I	M	E	R	G	G	E	E	S
R	N	F	I	N	O	M	X	D	E
A	C	A	R	K	O	E	B	N	E
Y	O	H	F	I	G	H	T	Y	T
F	Y	G	K	O	D	J	J	M	C
R	B	U	B	B	L	E	G	M	N
R	O	M	U	S	W	K	P	C	T

TIMER	CAR	FIGHT	BUBBLE
టైమర్	కారు	ఫైట్	బుడగ

Can you circle the hidden words?

M	G	O	A	T	V	G	N	E	O
Z	K	I	Z	O	V	C	X	Q	S
O	B	Z	Q	K	N	I	F	E	E
J	O	C	A	K	E	U	M	G	R
Z	Y	K	G	K	A	H	C	Z	J
W	T	H	H	U	W	A	D	K	X
A	O	Z	J	K	S	S	W	W	Q
Y	R	H	I	H	Y	K	V	R	P
A	L	L	I	G	A	T	O	R	T
S	H	A	M	P	O	O	H	Q	H

GOAT

మేక

SHAMPOO

షాంపూ

KNIFE

కత్తి

ALLIGATOR

ఎలిగేటర్

Can you circle the hidden words?


```
F  R  E  A  D  Q  I  T  N  X
J  M  N  P  I  L  L  O  W  R
E  W  R  J  R  F  T  N  X  R
P  U  T  W  H  L  F  S  F  A
J  E  O  X  D  C  V  J  X  D
B  E  I  I  H  W  A  Z  G  Q
X  L  H  A  N  G  E  R  U  G
P  V  Q  Z  J  F  Z  W  M  N
S  F  O  U  R  T  E  E  N  O
G  V  B  I  Z  J  H  H  E  X
```

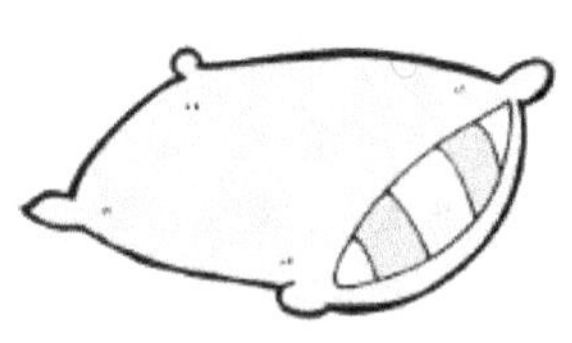

PILLOW

దిండు

HANGER

కరవాలము

FOURTEEN

పద్నాలుగు

READ

చదవండి

Can you circle the hidden words?

S	H	A	R	K	F	B	O	E	G
I	U	B	Z	Z	T	H	X	W	A
B	A	R	T	E	N	D	E	R	I
V	T	V	C	D	P	X	J	S	X
Y	S	S	W	E	A	T	E	R	L
H	R	E	K	G	Z	O	T	Z	A
C	L	O	U	D	Y	P	V	B	G
W	U	Z	R	S	Y	M	G	U	H
I	Q	P	J	Q	X	A	N	W	E
G	O	C	C	M	C	D	M	N	J

BARTENDER

BARKEEPER

SHARK

షార్క్

SWEATER

స్వెటర్

CLOUDY

మేఘావృతం

Can you circle the hidden words?

S	Y	B	B	Z	E	B	R	A	W
Y	K	E	P	Z	P	S	B	B	N
T	S	P	P	V	T	M	U	A	M
V	Q	O	I	E	S	W	E	O	F
N	J	Y	D	U	X	A	R	A	C
D	E	O	N	I	O	N	S	D	E
X	S	C	Q	Z	N	C	G	Q	J
Z	N	B	S	F	W	R	T	D	E
J	S	C	T	P	A	I	N	T	W
N	D	R	E	S	S	S	P	E	A

ZEBRA

జీబ్రా

PAINT

పెయింట్

ONION

ఉల్లిపాయ

DRESS

దుస్తులు

Can you circle the hidden words?

O	F	S	O	Y	J	M	R	M	J
A	P	R	O	N	Y	O	N	J	I
E	D	B	M	M	G	S	M	X	E
Z	M	S	N	O	W	Y	F	T	N
F	Y	T	D	H	R	C	A	T	O
S	P	M	H	J	P	G	J	S	C
K	Q	F	V	I	G	C	K	A	K
S	O	N	E	K	J	M	Q	P	V
T	E	N	O	K	B	O	F	K	R
X	V	H	R	N	N	A	Q	B	X

SNOWY

మంచు

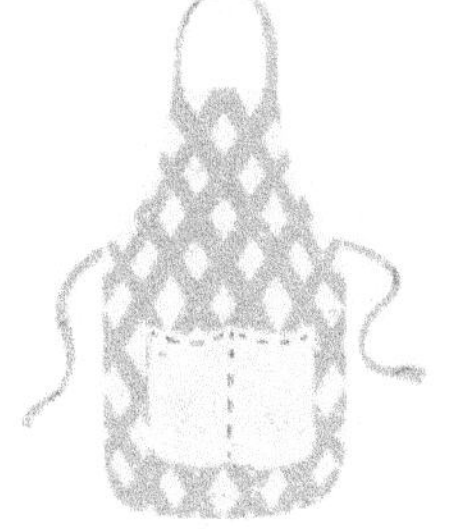

APRON

ఆప్రాన్

CAT

పిల్లి

SON

కుమారుడు

Can you circle the hidden words?

D	P	N	X	X	S	V	S	A	S
G	S	N	A	K	E	X	J	F	I
D	R	A	G	O	N	F	L	Y	L
W	Y	T	L	S	S	P	T	C	A
X	G	F	V	I	M	J	B	K	Y
H	W	A	S	C	A	R	F	Z	Q
M	L	U	L	A	T	P	B	I	K
W	E	Y	S	T	A	R	E	V	E
U	N	F	U	X	S	V	X	O	W
J	N	A	I	T	B	P	V	R	E

STAR

 స్టార్

SNAKE

పాము

DRAGONFLY

తూనీగ

SCARF

స్కార్ఫ్

Can you circle the hidden words?

```
I  I  A  H  E  E  H  V  Y  H
Z  V  L  R  Q  Q  W  I  B  D
Z  E  Y  R  U  P  U  S  E  P
D  D  S  L  O  M  H  N  D  Y
D  S  E  M  A  K  Y  F  U  P
H  C  L  O  S  E  P  B  F  K
S  L  O  F  O  O  T  M  Z  C
P  J  H  M  Y  T  Q  L  Q  M
H  O  C  K  E  Y  V  C  V  R
B  A  R  T  E  N  D  E  R  P
```

FOOT

ఫుట్

BARTENDER

BARKEEPER

HOCKEY

హాకీ

CLOSE

దగ్గరగా

Can you circle the hidden words?

```
I  L  U  H  H  I  M  L  H  J
W  B  Z  C  K  X  D  A  Y  Y
B  I  O  S  E  W  Z  J  H  T
K  T  M  E  E  Y  F  L  U  L
D  C  O  S  D  X  W  R  Y  F
Q  O  P  I  C  T  U  R  E  V
T  D  E  E  C  R  M  I  V  V
B  K  D  E  G  O  A  T  K  A
P  I  U  G  K  I  W  I  R  I
V  H  I  S  L  V  O  X  D  M
```

PICTURE

పిక్చర్

GOAT

మేక

KIWI

కివి

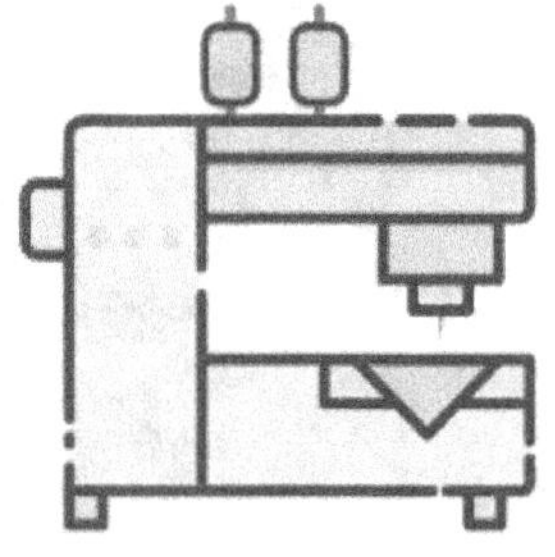

SEW

కుట్టుమిషన్

Can you circle the hidden words?

A	L	L	I	G	A	T	O	R	X
C	F	Y	K	E	F	V	Q	L	S
U	C	D	Z	V	G	S	W	Q	K
V	H	K	R	H	V	P	R	N	S
S	O	U	R	C	R	E	A	M	R
S	G	S	M	K	Y	K	E	U	Z
M	I	Q	A	N	T	F	B	Q	B
X	B	R	O	W	N	H	A	W	O
L	U	Q	F	G	O	A	T	Z	N
H	K	J	S	L	R	J	X	O	E

ALLIGATOR

ఎలిగేటర్

GOAT

మేక

BROWN

గోధుమ

SOUR CREAM

పుల్లని క్రీమ్

Can you circle the hidden words?

```
Q  L  A  C  A  R  C  F  E  U
D  R  A  G  O  N  F  L  Y  Z
F  U  U  V  Z  Y  F  S  U  M
S  E  V  E  N  T  E  E  N  C
L  L  E  Q  L  B  I  F  A  L
X  E  V  D  V  N  C  F  G  B
K  L  R  C  X  C  N  P  J  C
I  T  A  L  K  X  Z  V  E  U
P  R  M  L  M  H  N  E  P  G
K  A  D  G  R  J  T  M  A  A
```

SEVENTEEN

పదిహేడు

DRAGONFLY

తూనీగ

TALK

చర్చ

CAR

కారు

Can you circle the hidden words?

T	A	B	L	E	L	A	M	P	G
E	J	Z	Q	D	P	C	A	H	G
G	V	V	K	Z	W	F	L	A	O
W	N	C	A	U	D	V	O	M	O
M	V	B	Z	S	N	A	K	E	S
R	S	P	A	T	U	L	A	Y	E
Z	P	G	J	A	C	K	E	T	S
J	X	G	R	G	X	S	D	G	B
Q	C	H	S	R	G	G	I	C	C
W	Z	P	T	N	V	T	F	B	V

JACKET

జాకెట్

SPATULA

గరిటెలాంటి

SNAKE

పాము

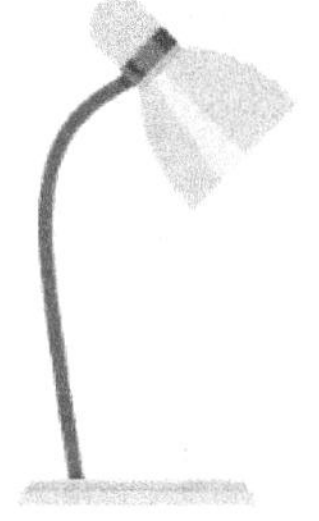

TABLE LAMP

టేబుల్ లాంప్

Can you circle the hidden words?

L	P	Q	A	K	O	V	W	Y	Z
V	T	F	O	R	N	B	X	Z	U
F	O	R	K	I	Z	W	Y	N	V
G	Y	S	C	A	I	C	S	P	U
R	B	M	H	K	X	J	B	J	Z
I	R	U	N	N	I	N	G	I	A
B	V	N	K	R	R	Q	I	Y	Q
Y	F	D	R	F	V	Z	B	M	F
C	N	O	S	E	Y	A	G	J	F
S	A	T	U	R	D	A	Y	P	F

RUNNING

రన్నింగ్

Saturday

SATURDAY

శనివారం

NOSE

ముక్కు

FORK

ఫోర్క్

Can you circle the hidden words?

```
O  J  E  V  U  Z  M  R  V  C
E  D  R  O  C  D  P  J  X  G
T  E  A  C  H  E  R  K  M  L
I  P  F  Q  S  V  Q  R  Q  C
C  I  R  C  L  E  E  P  E  C
V  K  B  I  C  Y  C  L  E  S
K  F  I  Q  G  P  C  H  U  J
T  O  U  R  G  U  I  D  E  S
K  Z  D  C  C  V  J  C  Z  W
C  E  W  B  X  N  Z  L  Y  B
```

TEACHER

టీచర్

TOUR GUIDE

యాత్ర నిర్దేశకుడు

BICYCLE

సైకిల్

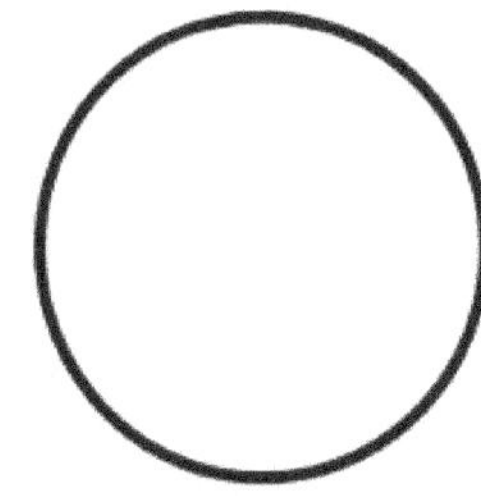

CIRCLE

వృత్తం

Can you circle the hidden words?

J	O	J	Y	Y	M	M	D	G	W
N	C	A	I	D	I	R	W	Q	J
Z	Y	N	E	O	S	N	J	V	G
Q	Q	E	H	M	K	Q	A	K	F
Q	V	X	W	Q	N	B	F	T	G
P	I	G	Y	K	B	J	S	H	W
N	F	I	H	O	C	K	E	Y	C
X	B	B	J	A	N	Z	T	X	O
G	R	A	P	E	F	R	U	I	T
P	I	C	T	U	R	E	B	M	T

PIG

పంది

HOCKEY

హాకీ

PICTURE

పిక్చర్

GRAPEFRUIT

ద్రాక్షపండు

Can you circle the hidden words?

Y	I	B	F	U	E	X	D	Q	R
Z	W	D	P	O	T	A	T	O	F
R	Y	F	V	X	P	Z	S	R	F
Z	M	N	I	S	L	H	L	Z	U
B	B	S	Z	U	H	Z	X	W	G
I	A	L	E	T	T	U	C	E	G
B	I	O	P	X	S	I	R	I	X
R	U	N	N	I	N	G	G	X	U
S	X	S	H	A	M	P	O	O	I
D	Q	Q	W	S	M	U	A	K	U

LETTUCE

లెటుస్

SHAMPOO

షాంపూ

RUNNING

రన్నింగ్

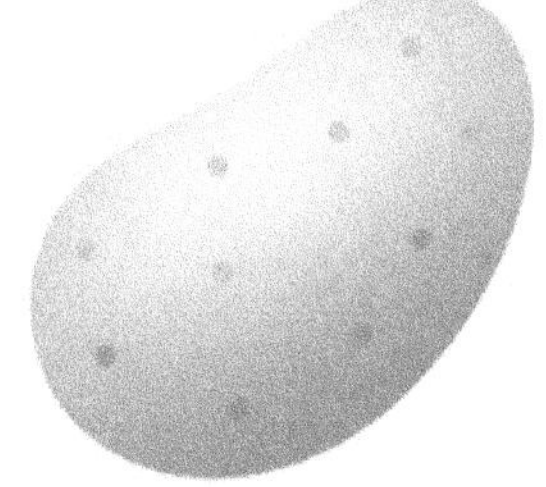

POTATO

బంగాళాదుంప

Can you circle the hidden words?

```
J E E H V Z E I P J
I T P L S H V T N F
G S K V F W A G R T
I E I A F E T B G E
K N N K Q B K H H I
O G G G N G E B L D
S V C R Y F Y U J O
K V M B O W D C B H
I Z C R I C K E T I
P I G E H C R W W M
```

PIG

పంది

CRY

ౖౖౖౖ

CRICKET

క్రికెట్

BOW

వంగడం

Can you circle the hidden words?

K	G	I	I	F	E	A	R	S	M
M	M	A	N	D	A	R	I	N	X
T	S	J	O	B	Q	T	U	F	M
D	P	A	N	T	S	G	H	B	Q
H	A	M	U	H	Z	N	X	H	K
J	W	E	S	H	O	E	S	W	Z
R	T	P	Y	G	D	J	W	E	T
S	L	X	K	M	Y	H	B	J	L
C	O	A	R	C	P	H	U	M	P
T	N	O	D	K	E	T	B	Q	C

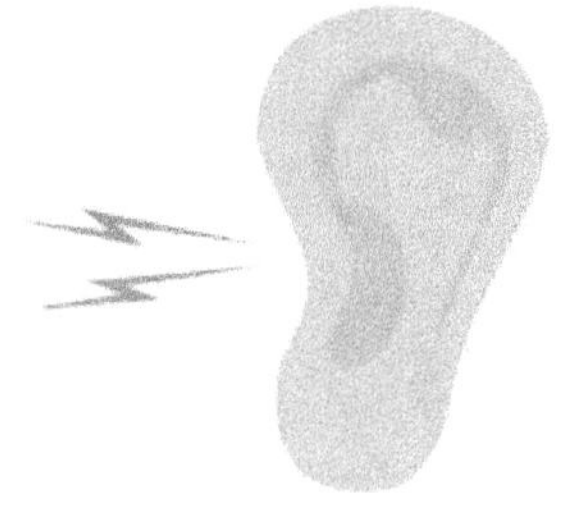

EARS

చెవులు

PANTS

ప్యాంటు

SHOES

బూట్లు

MANDARIN

మాండరిన్ నారింజ

Can you circle the hidden words?

```
J E T Y R C Z J J B
K L Z R S V G H G Z
F R T N E R U X U J
N G A X Z L Z X B M
L T W O U X S I H M
M A R G A R I N E H
R O O S T E R W H Y
H T B O W L I N G K
R E X C C Z X U C Y
A T A Z K I Q M K V
```

TWO

రెండు

MARGARINE

మార్గరిన్

ROOSTER

రూస్టర్

BOWLING

బౌలింగ్

Can you circle the hidden words?

V	O	P	E	N	R	P	W	S	T
R	K	I	F	E	R	A	O	V	F
T	A	P	L	A	A	D	R	H	E
O	M	C	H	G	W	A	Z	U	E
C	T	U	R	T	L	E	B	Z	N
K	S	B	J	K	P	F	Z	A	V
P	I	N	E	A	P	P	L	E	C
O	G	E	J	E	W	A	T	G	U
G	G	D	P	C	K	C	E	T	R
E	Z	Y	R	H	U	M	I	D	M

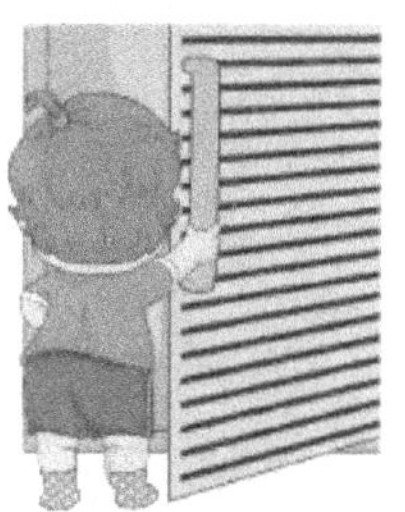

OPEN

ఓపెన్

HUMID

ఆర్ద్ర

TURTLE

తాబేలు

PINEAPPLE

అనాస పండు

Can you circle the hidden words?

X	X	Y	I	K	C	V	L	L	S
Z	F	F	L	I	C	Z	X	J	Z
Z	G	Q	R	B	R	O	I	L	Q
V	F	N	N	W	R	E	H	Y	Q
H	I	X	C	H	E	E	S	E	W
R	U	N	N	I	N	G	X	G	H
H	P	D	Z	Q	U	G	P	F	D
M	P	W	O	W	S	G	G	T	T
C	V	K	T	Q	C	Y	Q	V	F
W	A	S	H	C	G	D	G	F	C

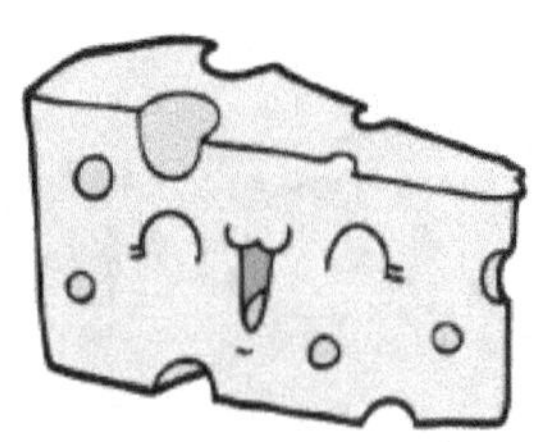

CHEESE

చీజ్

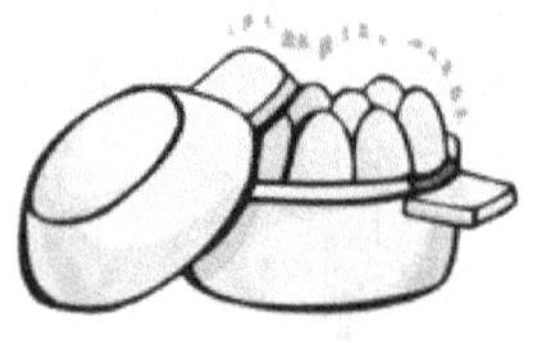

BROIL

అఇపులతో కూడిన తగాదా

WASH

వాష్

RUNNING

రన్నింగ్

Can you circle the hidden words?

H	A	S	L	E	U	Z	U	N	V
H	O	P	E	C	H	E	S	T	J
O	E	S	S	K	D	O	V	E	B
E	A	N	E	D	D	F	W	E	H
S	L	S	A	Y	Y	F	X	Y	S
K	V	E	G	I	R	C	C	C	M
Z	V	P	B	K	F	L	W	V	N
R	J	M	U	F	F	I	N	Z	C
I	Q	L	L	C	R	E	A	M	J
U	N	K	Q	Z	E	G	P	R	O

HOPE CHEST

డ్రాయర్‌తో బాక్స్

MUFFIN

మఫిన్

DOVE

డోవ్

CREAM

క్రీమ్

Can you circle the hidden words?

```
E O V E R A L L S W
M R C E L E R Y I Z
D K D V C K L E G E
Y O B R O T H E R O
U F Q W W R Y E T V
R W J B V Y L S Y N
E G Z V I M F T V C
O R O Z Z J S M R K
X D Q D L P S F R H
T R A S H B A G K F
```

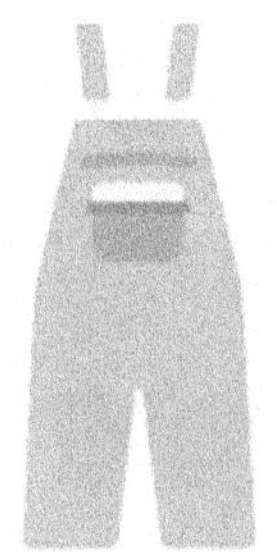

OVERALLS

ఓవర్ఆలన్స్

BROTHER

సోదరుడు

TRASH BAG

చెత్త సంచి

CELERY

ఆకుకూరల

Can you circle the hidden words?

T	H	C	H	I	C	K	E	N	W
V	J	U	P	V	W	K	W	V	H
H	U	H	T	B	I	E	R	B	J
M	C	R	O	S	S	V	A	N	U
J	X	F	I	M	D	S	Z	U	Y
E	N	N	F	G	L	A	J	K	K
R	E	M	O	T	E	V	D	K	L
T	L	S	H	I	R	T	F	D	K
D	H	U	R	Z	Q	I	R	A	J
U	A	N	R	K	J	U	F	D	T

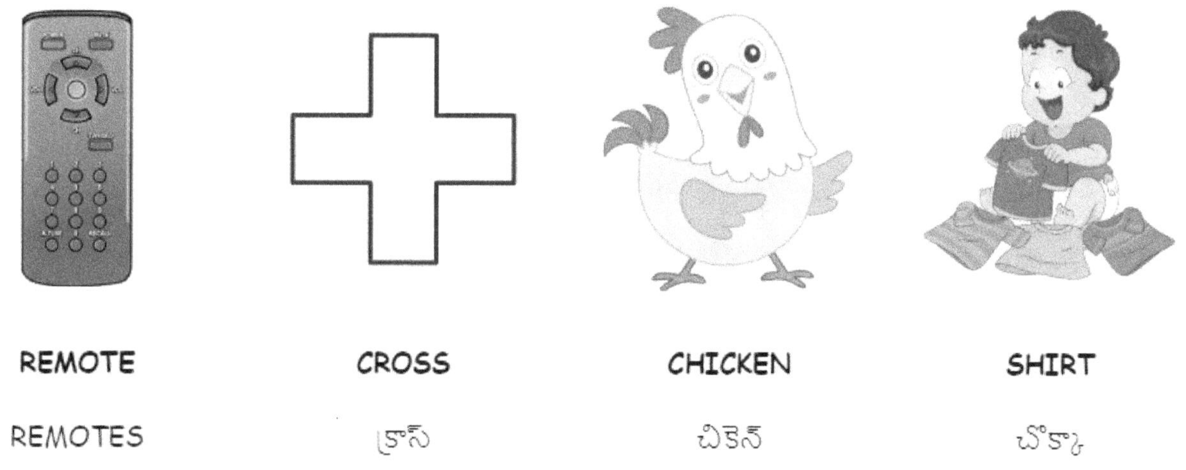

REMOTE	CROSS	CHICKEN	SHIRT
REMOTES	క్రాస్	చికెన్	చొక్కా

Can you circle the hidden words?

D	W	I	H	U	K	P	C	S	N
N	I	S	T	A	N	D	U	P	S
G	E	X	S	U	O	X	C	T	Q
P	T	G	B	V	Q	T	C	B	T
A	C	T	O	R	U	Q	X	U	S
F	Y	Q	F	O	O	T	J	Q	B
C	R	I	C	K	E	T	B	Q	M
O	I	N	Z	F	D	P	H	F	V
K	Q	S	N	A	I	L	J	D	F
N	E	L	W	A	B	X	B	Y	T

ACTOR

నటుడు

FOOT

ఫుట్

CRICKET

క్రికెట్

STAND UP

నిలబడు

Can you circle the hidden words?

```
E  K  Y  U  G  J  X  I  U  P
S  X  H  H  C  F  H  D  J  G
X  P  O  I  B  R  F  D  M  W
K  I  B  P  L  I  E  R  S  B
K  B  H  U  F  O  J  E  H  C
J  S  I  X  T  E  E  N  J  D
R  W  H  J  D  D  D  P  R  S
R  U  Z  L  I  H  T  G  H  O
L  W  A  T  E  R  D  V  G  H
Y  T  M  T  O  W  E  L  Y  P
```

SIXTEEN

పదహారు

PLIERS

శ్రావణం

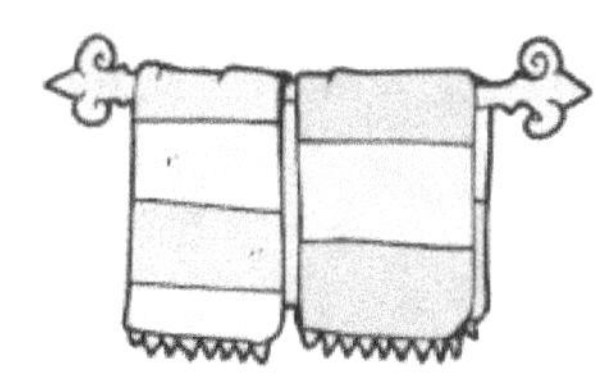

TOWEL

టవల్

WATER

నీటి

Can you circle the hidden words?

```
P  E  N  H  X  I  N  P  M  R
T  M  X  U  Z  P  R  S  N  G
W  K  W  J  V  F  L  Y  W  G
L  D  C  D  Z  S  Z  X  U  D
K  H  U  T  T  L  S  F  N  L
O  D  H  A  N  D  S  N  H  E
A  V  B  J  G  A  B  V  U  N
J  R  L  F  P  X  A  Y  O  L
L  X  M  Z  W  X  G  V  Z  N
U  E  P  A  J  A  M  A  S  Y
```

PEN

పెన్

PAJAMAS

పైజామా

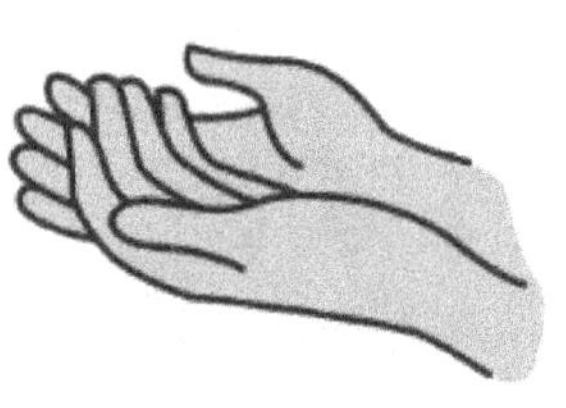

HANDS

చేతులు

FLY

ఎగురు

Can you circle the hidden words?

S	G	O	A	T	L	V	U	A	P
W	I	N	G	C	H	A	I	R	C
S	L	G	V	M	I	U	A	E	T
I	O	E	S	R	O	T	P	S	T
E	O	V	V	N	Q	B	W	O	A
H	T	K	H	T	B	F	F	U	G
E	A	U	L	Y	A	E	D	V	M
C	Q	I	U	K	H	A	T	I	G
B	A	D	M	I	N	T	O	N	Q
K	L	F	W	L	U	X	A	S	B

GOAT

మేక

HAT

టోపీ

WING CHAIR

కుర్చీ

BADMINTON

బ్యాడ్మింటన్

Can you circle the hidden words?

X	M	B	E	A	R	K	U	U	T
L	C	H	D	U	H	K	D	O	Z
I	T	B	A	T	H	M	A	T	P
M	I	C	R	O	W	A	V	E	C
M	I	W	T	Y	S	H	F	R	Q
W	G	F	B	C	P	J	B	X	Z
Z	S	U	P	E	N	C	I	L	J
Q	H	D	F	Z	D	P	S	U	L
L	G	E	D	N	S	H	O	G	E
I	P	W	C	T	G	H	D	G	J

MICROWAVE

మైక్రోవేవ్

BATH MAT

బాత్రూమ్ రగ్గు

BEAR

ఎలుగుబంటి

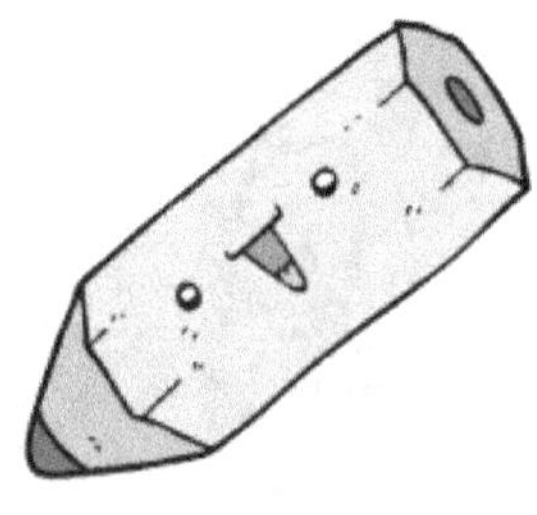

PENCIL

పెన్సిల్

Can you circle the hidden words?

```
G  G  D  L  G  E  B  F  N  V
S  F  G  N  D  I  M  A  S  Z
R  E  M  O  T  E  M  A  L  J
L  R  A  I  N  C  O  A  T  N
D  R  E  A  M  S  H  J  F  T
U  Y  L  N  W  X  K  P  R  E
N  I  N  E  T  E  E  N  U  K
E  E  V  T  Y  H  J  C  H  G
R  J  H  I  R  Y  R  T  R  C
M  R  Y  S  O  N  K  M  Z  T
```

DREAM

కల

RAINCOAT

రైన్ కోట్

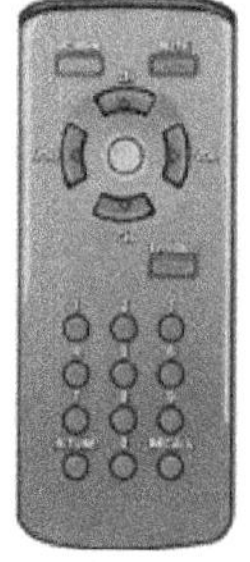

REMOTE

REMOTES

NINETEEN

పందొమ్మిది

Can you circle the hidden words?

R	T	X	J	C	O	A	Z	X	A
Z	I	R	A	R	H	C	I	S	J
O	Y	B	N	Y	U	G	G	I	D
M	O	U	T	H	W	A	S	H	X
K	A	O	X	S	Y	J	U	Q	I
X	K	N	I	F	E	T	M	O	S
K	H	A	M	M	E	R	K	Y	J
E	M	U	W	G	P	I	C	P	W
X	G	U	F	M	U	N	G	J	Y
D	R	E	S	S	V	L	X	T	I

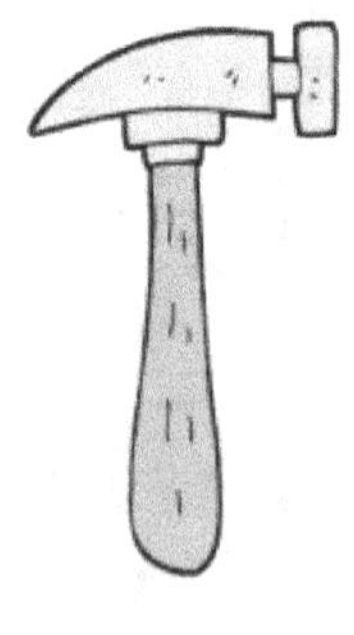

HAMMER

సుత్తి

DRESS

దుస్తులు

KNIFE

కత్తి

MOUTHWASH

నోటి శుభ్రత

Can you circle the hidden words?

F	E	K	Y	S	B	G	R	R	N
Y	V	X	O	Q	V	U	W	K	U
C	A	I	R	P	L	A	N	E	W
S	R	P	L	U	M	B	E	R	Q
D	N	M	X	B	S	V	A	R	L
M	K	F	I	G	H	D	U	R	G
E	M	M	S	G	K	Y	C	O
X	M	S	R	U	G	B	Y	V	F
S	U	P	U	U	N	M	D	I	P
Q	D	C	J	X	G	J	J	X	G

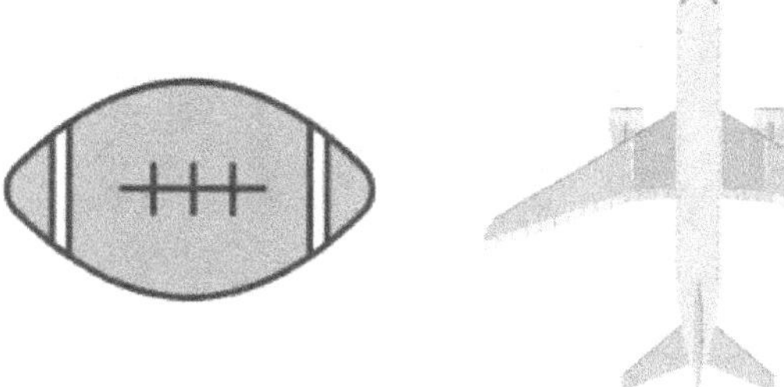

RUGBY

రగ్బీ

AIRPLANE

విమానం

PLUMBER

ప్లంబర్

FIG

అత్తి పండ్లను

Can you circle the hidden words?

U	N	T	I	M	A	N	G	O	L
S	S	Y	Q	A	R	W	P	L	Y
Z	B	M	F	C	O	Q	F	V	E
P	G	X	H	V	K	X	I	V	D
C	A	B	B	A	G	E	K	N	M
I	B	B	H	J	E	V	O	G	C
C	K	B	J	M	W	E	A	S	R
P	I	G	R	L	Y	F	X	C	Z
P	L	J	V	B	G	B	X	M	E
S	I	N	G	O	Q	E	L	O	B

SING

సింగ్

PIG

పిగ్

CABBAGE

క్యాబేజి

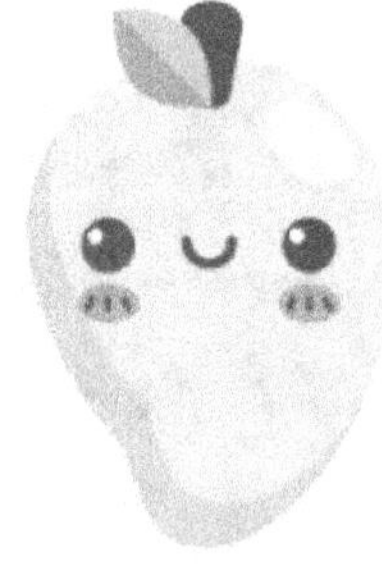

MANGO

మామిడి

Can you circle the hidden words?

Y	T	O	M	A	T	O	L	W	D
U	Z	Z	Y	O	R	B	U	S	Y
Q	A	P	A	F	O	G	W	J	L
A	V	W	C	R	I	Z	D	H	F
E	N	V	W	A	A	O	W	V	W
W	C	Z	P	R	C	B	Q	G	U
Q	W	G	V	E	A	T	Z	N	S
R	Y	Y	E	J	J	W	C	N	V
C	L	O	U	D	Y	R	I	T	J
V	Z	P	M	O	K	H	I	X	V

EAT

ఈట్

BUS

బస్సు

CLOUDY

మేఘావృతం

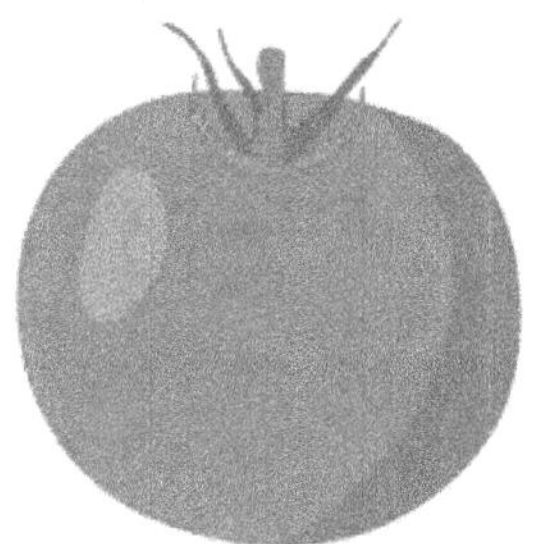

TOMATO

టమోటా

Can you circle the hidden words?

T	S	E	F	T	J	G	F	G	F
X	Q	S	Y	B	E	E	R	G	C
U	V	B	P	A	O	C	A	X	R
C	B	S	Z	Z	H	N	I	W	U
M	Y	E	J	A	N	G	E	O	D
Y	D	D	D	Y	P	V	M	Z	C
N	N	O	H	A	M	M	E	R	C
H	P	T	I	M	E	R	D	E	M
C	Q	T	P	Y	F	F	Q	Q	I
W	S	C	A	L	E	Z	C	T	Q

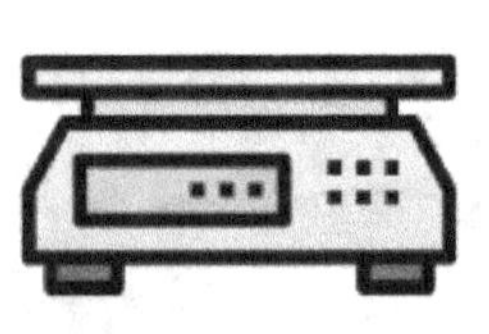

SCALE

స్కేల్

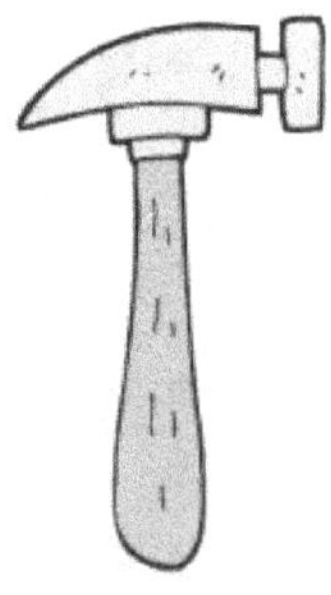

HAMMER

సుత్తి

BEER

బీర్

TIMER

టైమర్

Can you circle the hidden words?

M	U	E	E	O	X	E	O	T	F
G	I	R	B	J	Z	L	X	W	G
A	C	Y	C	L	I	N	G	T	U
C	U	P	M	E	V	G	O	L	X
X	L	M	Y	V	L	D	O	C	S
Q	C	U	S	H	I	O	N	O	Y
S	J	U	H	V	E	Q	W	Z	Y
E	U	K	U	V	Y	P	A	J	P
X	Q	S	C	K	A	T	T	N	C
F	Z	K	F	E	E	T	E	C	V

FEET

అడుగుల

CUSHION

పరిపుష్టులు

CUP

కప్

CYCLING

సైక్లింగ్

Can you circle the hidden words?

V	C	R	I	D	E	E	V	A	Z
B	A	S	K	E	T	B	A	L	L
D	U	C	J	I	R	S	D	H	O
X	N	N	M	Q	K	L	P	E	F
C	O	O	M	S	T	H	G	N	S
U	B	J	I	L	W	V	Y	F	Y
T	C	U	C	U	M	B	E	R	Y
I	M	U	B	F	B	Z	Z	T	U
S	C	I	S	S	O	R	S	U	S
E	E	D	J	Y	R	I	Q	D	S

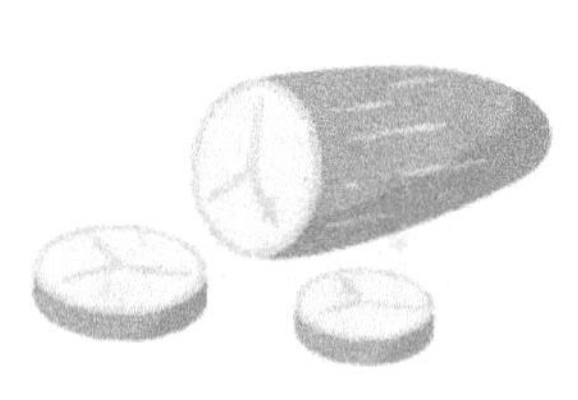

CUCUMBER

దోసకాయ

RIDE

రైడ్

SCISSORS

సిజర్స్

BASKETBALL

బాస్కెట్బాల్

Can you circle the hidden words?

A	B	N	E	B	E	C	D	S	Z
Q	C	U	P	I	C	W	D	U	T
Y	L	V	B	H	H	D	U	N	R
R	S	H	O	O	T	I	N	G	Z
D	N	I	N	E	T	E	E	N	A
F	J	T	Y	N	G	Y	Y	J	J
P	N	P	W	X	H	G	G	X	K
E	I	H	R	H	F	C	Z	H	A
P	G	G	L	O	V	E	S	H	M
U	T	G	I	C	J	E	D	X	R

NINETEEN

పందొమ్మిది

CUP

కప

SHOOTING

షూటింగ్

GLOVES

చేతి తొడుగులు

Can you circle the hidden words?

C	A	R	R	O	T	N	H	B	C
T	D	L	O	Q	C	A	S	Z	R
I	J	M	N	X	I	M	J	E	R
J	P	D	F	D	I	S	H	I	T
W	S	K	I	R	T	P	Y	X	D
M	S	R	Q	P	U	L	B	T	R
J	G	T	F	U	R	I	J	S	U
I	W	C	O	I	A	T	H	X	U
F	D	H	A	Y	L	U	I	Y	S
U	X	H	T	R	A	I	N	A	C

SKIRT	DISH	CARROT	TRAIN
లంగా	డిష్	కారెట్	రైలు

Can you circle the hidden words?

V	T	E	N	N	I	S	V	H	O
B	Y	Q	Z	R	H	O	J	I	Z
A	H	M	D	B	S	N	K	H	J
X	J	W	X	I	L	A	I	Z	H
K	R	E	P	Y	B	N	E	G	O
V	N	L	G	U	C	O	O	L	D
A	Z	B	Z	O	W	C	X	V	B
M	S	H	O	O	T	I	N	G	W
L	W	S	K	I	R	L	R	I	W
J	E	A	D	L	O	L	C	H	O

SKI

స్కీ

TENNIS

టెన్నిస్

COOL

చల్లని

SHOOTING

షూటింగ్

Can you circle the hidden words?

P	D	R	I	N	K	R	R	M	V
J	G	N	Y	U	J	W	U	M	D
S	W	O	N	I	O	N	F	A	A
V	J	M	S	N	A	K	E	A	K
O	B	Y	O	W	X	L	R	U	D
X	H	F	E	S	W	X	Z	G	N
B	E	A	N	S	P	Y	X	C	G
K	L	F	H	U	M	P	D	Y	H
M	W	D	A	N	D	W	N	Y	M
B	F	H	J	Y	N	H	M	R	A

SNAKE

పాము

ONION

ఉల్లిపాయ

DRINK

పానీయం

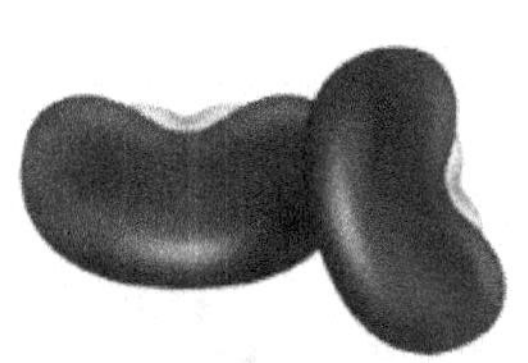

BEANS

బీన్స్

Can you circle the hidden words?

W	W	A	Z	K	F	B	E	D	I
U	S	U	J	P	P	A	O	Q	W
E	L	I	Y	N	O	S	E	S	U
X	G	G	U	C	S	A	W	E	M
I	A	F	F	P	X	Q	Z	C	U
M	T	J	J	V	A	J	X	T	R
C	I	G	G	R	V	S	J	R	R
C	U	G	R	I	L	L	P	G	F
B	Y	V	Q	R	I	G	T	Z	Q
A	A	C	L	Y	S	Q	M	P	O

BED	SAW	GRILL	NOSE
మంచం	రంపపు	గ్రిల్	ముక్కు

Can you circle the hidden words?

D	O	V	E	Z	R	A	A	Y	Q
P	E	Z	F	O	U	R	Q	F	S
S	P	Y	M	B	X	B	Z	H	F
C	Z	R	W	I	H	Z	O	L	L
Q	R	Y	E	H	T	P	X	G	S
N	N	S	Q	E	Q	Q	E	V	J
H	S	A	N	D	W	I	C	H	B
B	M	V	Y	M	J	M	S	L	H
C	M	F	S	G	N	G	W	P	H
S	H	A	M	P	O	O	Q	Q	I

SANDWICH

శాండ్విచ్

SHAMPOO

షాంపూ

FOUR

నాలుగు

DOVE

డోవ్

Can you circle the hidden words?

X	H	A	N	D	S	G	H	Z	N
O	U	E	H	V	J	V	Q	T	J
V	E	R	G	T	O	P	E	N	W
D	S	X	Z	P	O	B	Y	N	Y
S	L	Y	V	C	F	N	T	U	J
Y	O	O	T	A	S	S	X	L	M
C	U	D	R	I	N	K	X	O	M
F	O	G	N	U	G	G	G	X	S
E	K	N	M	Q	D	O	Z	C	A
N	T	I	T	W	E	N	T	Y	O

PEN

పెన్

TWENTY

ఇరవై

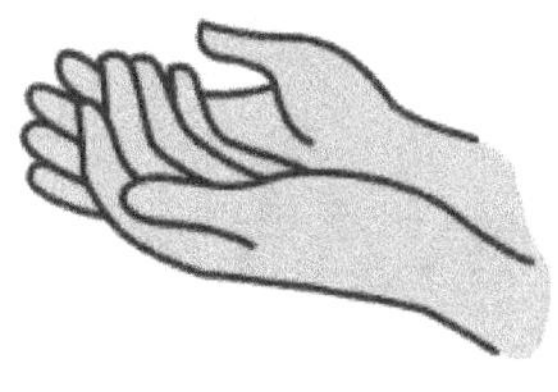

HANDS

చేతులు

DRINK

పానీయం

Can you circle the hidden words?

A	L	L	J	P	A	Z	T	F	X
G	U	L	D	X	Q	M	M	X	H
B	K	T	S	L	A	C	K	S	R
X	H	I	P	K	B	I	Y	I	W
E	P	S	R	S	S	J	C	N	T
C	L	O	T	H	E	S	P	I	N
F	B	N	W	D	P	G	O	X	K
D	K	G	H	K	V	U	X	G	K
C	G	O	A	T	P	I	V	W	Z
H	W	H	I	T	E	A	Y	K	S

CLOTHESPIN

CLOTHESPIN

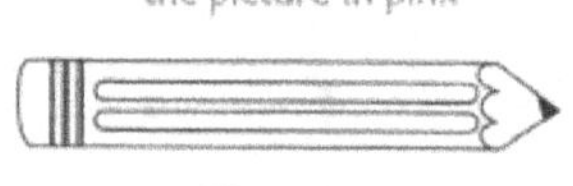

WHITE

తెలుపు

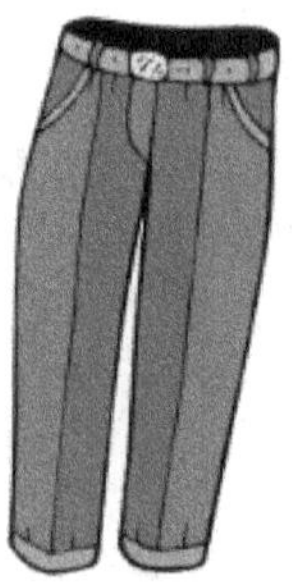

SLACKS

స్లాక్స్

GOAT

మేక

Can you circle the hidden words?

N	X	F	M	V	J	L	B	P	K
W	T	A	W	N	G	N	J	V	C
X	J	R	O	H	M	W	E	N	S
Y	C	U	P	B	O	A	R	D	K
B	A	R	U	G	B	Y	E	V	V
R	J	M	A	Q	V	E	J	V	Q
J	E	T	X	Z	Z	C	G	N	Y
G	T	K	S	V	V	D	T	H	O
B	B	N	M	I	N	E	R	O	O
F	L	Y	M	T	S	T	B	L	Z

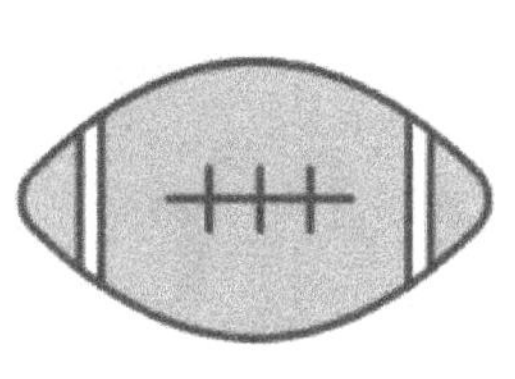

RUGBY

రగ్బీ

FLY

ఎగురు

MINER

మినెర్

CUPBOARD

అల్మరా

Can you circle the hidden words?

C	R	I	C	K	E	T	B	O	M
G	V	A	G	C	A	S	Y	K	I
J	Q	K	D	H	L	R	P	D	A
C	V	T	H	R	O	A	T	Q	X
T	O	V	C	R	A	B	T	W	N
W	A	Q	A	U	B	H	N	G	Y
K	X	D	H	N	E	U	T	N	O
N	A	S	O	S	Y	V	T	M	U
S	H	O	W	E	R	W	X	K	Y
F	C	L	Z	F	R	W	F	R	B

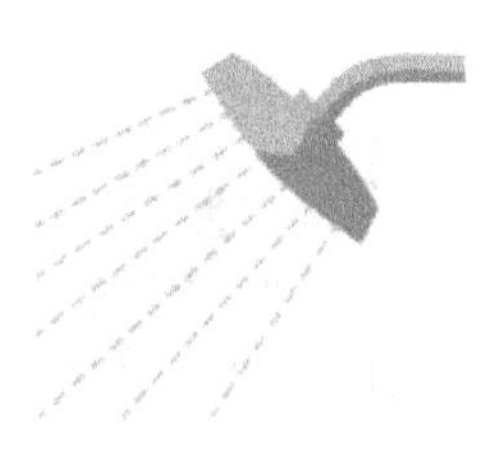

SHOWER

షవర్

THROAT

గొంతు

CRICKET

క్రికెట్

CRAB

పీత

Can you circle the hidden words?

```
U  N  D  E  R  S  H  I  R  T
I  F  O  P  D  P  P  Z  U  T
B  T  X  Y  P  K  U  H  Y  D
I  I  F  L  O  R  I  S  T  U
N  L  S  C  B  G  X  I  X  V
W  R  E  S  T  L  I  N  G  B
K  L  W  V  R  U  C  C  M  F
J  U  V  P  X  C  X  L  H  R
H  X  J  B  G  R  C  Q  H  I
E  A  O  T  I  M  E  R  N  N
```

UNDERSHIRT

చొక్కాను

FLORIST

పూల

TIMER

టైమర్

WRESTLING

రెజ్లింగ్

Can you circle the hidden words?

I	Y	T	V	S	T	A	N	D	M
J	N	T	G	W	Z	B	Y	U	Z
B	A	R	T	E	N	D	E	R	G
S	V	Q	F	M	J	O	H	F	B
W	I	N	D	Y	A	B	K	W	V
R	L	B	D	P	Y	W	F	Q	V
Q	C	D	N	U	S	O	Q	Z	N
J	D	X	A	M	A	E	A	T	Z
S	Q	A	T	Z	T	F	T	I	L
W	T	K	P	P	K	N	L	Y	Y

BARTENDER

BARKEEPER

EAT

ఈట్

WINDY

గాలులతో

TV STAND

టీవి స్టాండ్

Can you circle the hidden words?

H	E	A	D	U	P	X	N	L	V
Z	K	C	R	A	W	L	L	C	P
B	J	D	S	T	E	A	K	A	H
M	H	X	P	D	Y	V	Q	C	V
B	H	O	L	D	L	D	Z	J	S
U	U	E	F	I	W	M	Z	Z	V
C	E	H	E	N	H	Y	Q	Q	V
M	C	K	V	I	C	R	M	N	V
F	W	U	O	Q	C	M	Q	Y	B
B	U	J	P	K	Z	D	E	H	T

HEN

కోడి

CRAWL

క్రాల్

HEAD

తల

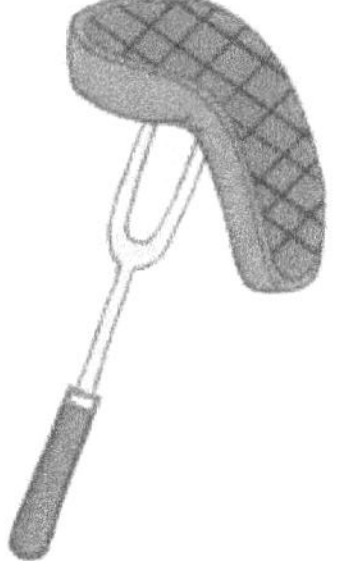

STEAK

స్టేక్

Can you circle the hidden words?

I	X	F	N	K	G	Q	E	U	C
M	C	K	A	W	G	T	G	M	W
T	P	U	I	O	D	Q	E	X	B
B	Y	U	D	I	S	H	V	B	G
X	P	P	L	I	E	R	S	K	W
U	Q	B	C	A	I	W	W	D	M
M	V	A	R	R	O	W	Y	M	L
F	Q	D	E	D	I	T	H	D	P
K	B	J	Y	T	D	W	F	W	K
T	H	I	R	T	E	E	N	B	Y

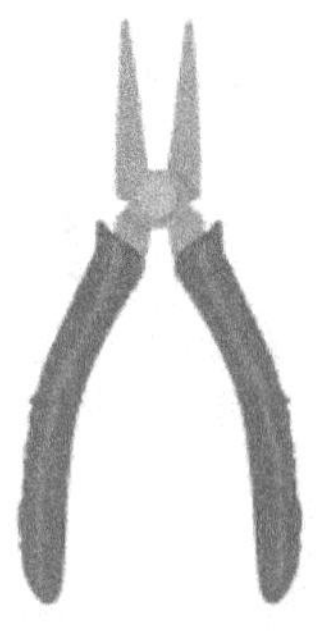

PLIERS

[శ్రావణం]

ARROW

బాణం

THIRTEEN

పదమూడు

DISH

డిష్

Can you circle the hidden words?

```
G  T  I  C  R  T  Y  O  U  D
K  N  H  P  Y  B  L  K  C  J
A  C  V  U  D  K  Z  P  V  M
I  S  L  U  D  Z  N  V  D  K
D  P  M  M  I  R  R  O  R  H
C  N  M  L  W  P  W  V  L  V
T  R  O  U  S  E  R  S  T  I
Q  M  P  T  W  E  L  V  E  L
B  A  W  C  D  J  A  O  Q  T
E  E  Z  E  B  R  A  T  P  O
```

TWELVE

పన్నెండు

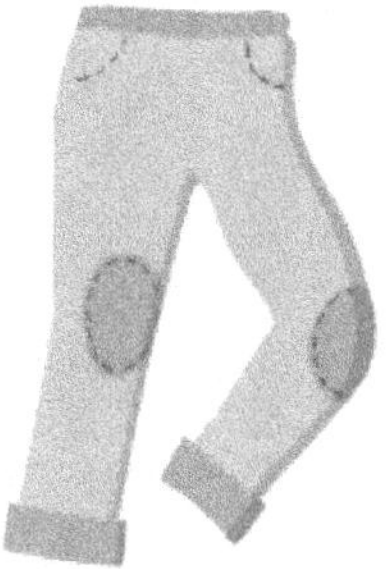

TROUSERS

ప్యాంటు

MIRROR

అద్దం

ZEBRA

జీబ్రా

Can you circle the hidden words?

```
V  N  D  I  Y  S  P  B  J  R
X  O  O  T  I  G  E  R  A  F
J  C  P  O  V  Q  L  R  C  L
D  P  C  F  N  O  D  L  K  Q
M  I  R  R  O  R  L  B  F  I
H  N  H  O  R  S  E  F  R  R
C  B  H  E  T  M  P  T  Y  D
Y  R  X  N  F  F  G  M  O  Q
W  R  E  S  T  L  I  N  G  A
G  R  Y  I  S  E  M  Q  E  X
```

TIGER

పులి

MIRROR

అద్దం

WRESTLING

రెజ్లింగ్

HORSE

గుర్రం

Can you circle the hidden words?

M	C	A	Q	L	L	Y	E	I	F
U	P	Q	T	I	H	P	E	P	G
H	N	M	L	F	M	R	V	Y	A
H	A	T	U	W	T	J	U	F	F
N	U	A	R	R	O	W	E	T	C
E	S	T	O	M	A	C	H	U	C
C	E	C	A	Z	W	G	V	F	G
S	N	M	P	Y	R	Z	A	F	W
V	R	N	J	I	Y	F	O	X	W
N	J	U	K	M	Y	P	I	K	F

FOX

నక్క

HAT

టోపీ

ARROW

బాణం

STOMACH

కడుపు

Can you circle the hidden words?

B	L	D	O	N	U	T	V	L	C
H	H	V	G	Z	N	C	M	R	L
B	H	A	A	X	C	I	T	R	V
M	G	O	G	Q	K	M	Y	K	P
S	I	D	H	B	D	S	B	M	J
C	A	I	R	U	H	H	Z	J	L
H	A	I	R	D	R	Y	E	R	K
A	N	T	V	P	E	Y	R	C	P
F	U	H	R	Z	H	A	N	T	X
P	B	I	C	Y	C	L	E	Q	Z

ANT

చీమల

BICYCLE

సైకిల్

HAIR DRYER

హెయిర్ డ్రెయర్

DONUT

డోనట్

Can you circle the hidden words?

W	D	O	N	U	T	J	Z	Y	V
T	M	I	W	D	X	V	X	M	J
B	L	U	E	B	E	R	R	Y	S
E	L	C	I	H	T	C	Z	L	L
R	G	A	A	K	L	C	J	S	U
B	Y	N	O	R	K	S	K	Q	N
P	Y	X	D	I	V	R	N	Z	I
P	B	L	I	N	D	S	M	M	W
L	E	M	O	N	A	D	E	T	M
E	L	P	T	Z	O	T	F	S	T

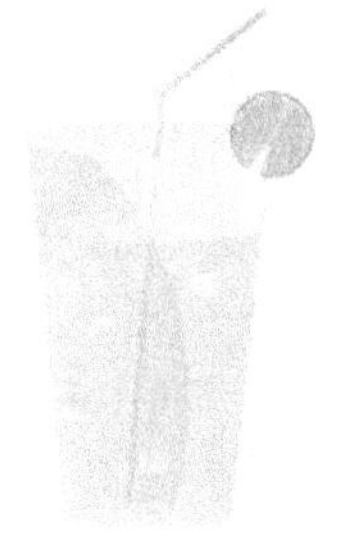

LEMONADE

నిమ్మరసం

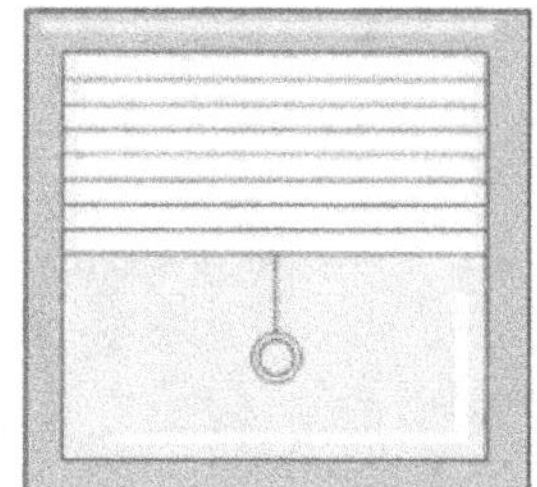

BLINDS

BLINDS

BLUEBERRY

బ్లూబెర్రీ

DONUT

డోనట్

Can you circle the hidden words?

V	A	N	E	U	K	U	M	V	B
Y	S	H	E	E	P	S	H	P	U
S	K	I	O	F	V	F	I	N	L
T	H	M	O	W	H	I	T	E	G
R	W	V	A	G	N	C	O	R	R
J	V	O	A	S	Q	L	G	G	A
C	L	U	E	H	J	U	L	B	S
L	P	B	A	T	S	K	G	M	P
Q	L	W	H	D	I	P	Q	G	J
Z	K	H	H	T	Q	A	W	D	G

SKI

స్కీ

VAN

వాన్

SHEEP

గొర్రె

WHITE

తెలుపు

Can you circle the hidden words?

T	U	D	O	T	J	C	B	L	P
J	A	H	N	A	D	H	S	F	K
J	U	A	T	U	W	O	F	L	K
J	Y	D	G	M	X	C	F	M	U
M	O	N	K	E	Y	F	I	D	R
E	S	Y	H	N	P	K	A	H	R
L	Y	W	X	K	J	V	I	R	Y
K	C	S	P	A	T	U	L	A	Z
C	C	H	I	C	K	E	N	H	Y
R	E	N	D	T	A	B	L	E	W

SPATULA

గరిటెలాంటి

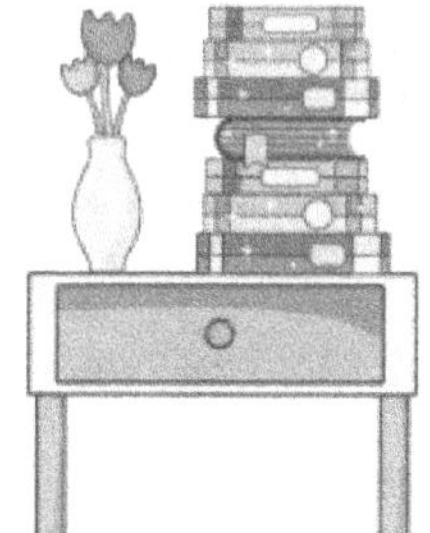

END TABLE

పక్క బల్ల

CHICKEN

చికెన్

MONKEY

కోతి

Can you circle the hidden words?

```
B  A  K  E  R  G  X  R  Z  O
W  K  A  N  G  A  R  O  O  V
I  N  N  F  R  I  D  A  Y  H
Y  Q  Y  M  U  R  N  Z  S  L
F  F  E  F  B  Z  G  H  F  N
C  S  X  P  I  Z  N  T  Q  I
F  I  L  G  P  N  V  B  Z  T
O  K  G  S  H  I  P  I  A  S
P  W  M  X  Z  G  A  U  G  W
L  Y  C  D  L  K  K  V  J  S
```

Friday

FRIDAY	SHIP	KANGAROO	BAKER
శుక్రవారం	నౌక	కంగారు	బేకరి

Can you circle the hidden words?

I	B	I	F	R	U	L	E	R	I
Q	F	L	E	S	D	U	S	X	U
W	F	Z	R	C	J	X	E	V	O
H	L	C	Y	C	L	I	N	G	U
A	G	P	A	Y	M	T	K	M	J
S	R	H	G	B	I	L	I	B	U
X	G	O	Z	S	A	L	A	D	W
T	L	P	L	S	W	H	A	S	I
M	B	L	R	E	Y	O	N	O	U
V	O	L	L	E	Y	B	A	L	L

VOLLEYBALL

వాలీబాల్

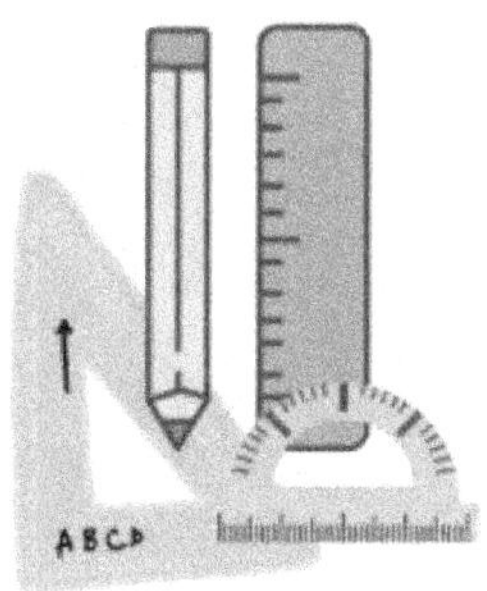

RULER

రూలర్

CYCLING

సైక్లింగ్

SALAD

సలాడ్

Can you circle the hidden words?

B	L	I	N	D	S	P	W	K	G
T	F	Q	O	B	H	V	Z	C	Z
N	B	C	C	H	A	R	P	K	P
R	Z	P	E	N	C	I	L	J	F
Y	I	O	Z	H	L	M	U	Q	F
G	D	F	L	Y	M	N	S	V	G
B	F	W	F	K	M	Q	J	Q	A
L	D	F	J	T	P	N	W	S	O
L	E	B	O	A	T	T	L	K	H
Z	L	S	I	Z	Z	D	Q	S	Y

BOAT

పడవ

FLY

ఎగురు

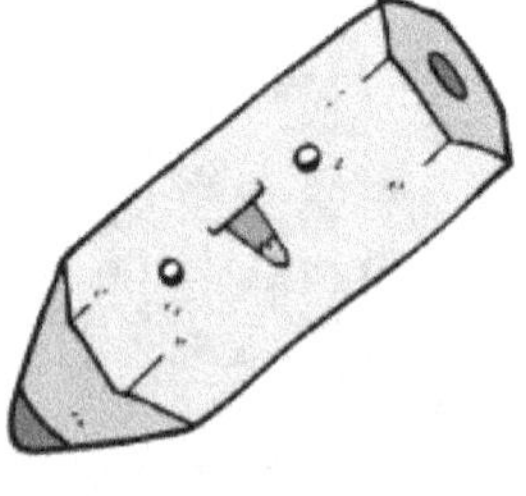

PENCIL

పెన్సిల్

BLINDS

BLINDS

Can you circle the hidden words?

```
E  P  Y  S  A  L  A  D  G  B
T  B  I  N  D  E  R  N  D  T
E  J  V  T  A  W  F  K  N  C
Z  G  U  U  I  J  K  Z  B  L
T  H  H  A  K  F  U  E  L  D
K  P  X  Y  Q  S  B  Y  E  P
R  W  Y  O  G  U  R  T  D  J
Y  I  A  Q  J  X  B  Q  P  F
N  S  Q  U  I  R  R  E  L  T
M  L  S  R  P  K  N  F  V  G
```

SQUIRREL

ఉడుత

BINDER

బైండర్

SALAD

సలాడ్

YOGURT

యోగర్ట్

Can you circle the hidden words?

H	U	E	H	O	S	U	J	T	R
H	A	R	H	C	J	W	X	S	K
J	A	Q	N	T	S	O	A	P	O
W	A	T	E	R	M	E	L	O	N
H	N	P	U	T	U	Q	R	J	P
I	J	B	T	O	A	A	Z	Y	M
S	B	O	O	K	C	A	S	E	M
F	J	T	V	A	F	U	K	I	C
T	Y	Z	O	H	K	H	W	S	N
B	L	U	E	B	E	R	R	Y	O

BOOKCASE

BOOKCASE

BLUEBERRY

బ్లూబెర్రీ

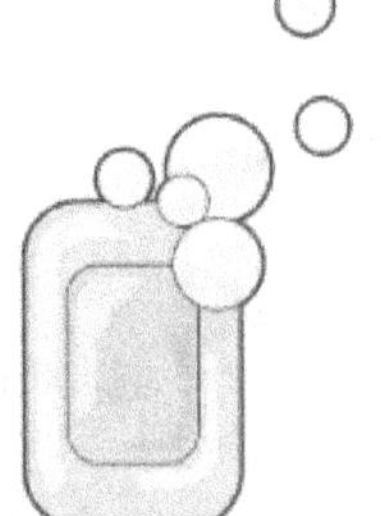

SOAP

సోప్

WATERMELON

పుచ్చకాయ

Can you circle the hidden words?

X	F	T	T	T	L	I	O	N	H
S	G	P	E	O	M	V	L	J	B
N	O	F	V	E	R	K	L	A	E
Q	D	G	K	G	E	R	F	Y	Q
M	I	L	K	S	H	A	K	E	E
K	Q	E	Y	X	A	C	U	F	T
F	F	C	N	X	A	J	H	D	N
B	A	T	H	M	A	T	P	I	V
S	J	B	C	Z	D	V	H	K	C
R	Q	H	A	N	D	S	L	N	N

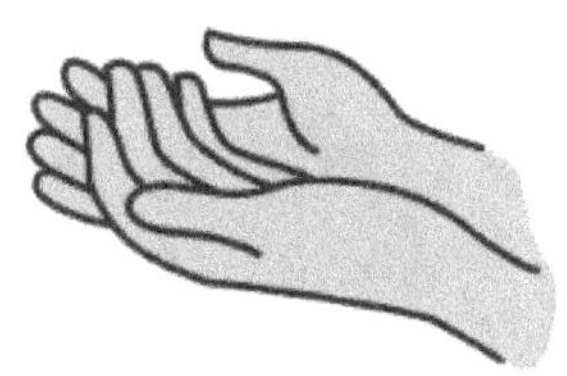

MILKSHAKE	BATH MAT	HANDS	LION
MILKSHAKE	బాత్రూమ్ రగ్గు	చేతులు	సింహం

Can you circle the hidden words?

E	P	P	J	K	N	I	F	E	V
N	N	Y	Z	Y	A	F	G	U	Y
H	R	X	P	O	J	M	A	K	K
X	P	G	T	B	N	V	C	Y	U
U	B	S	T	R	J	A	A	E	N
U	W	H	I	T	E	Z	E	T	W
F	F	O	R	E	H	E	A	D	N
W	H	Y	C	U	G	A	N	W	O
E	S	P	O	O	N	O	T	I	A
U	D	A	W	Y	F	Y	P	Q	X

color the word and
the picture in pink

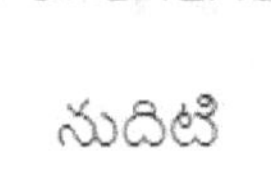

WHITE   **FOREHEAD**   **SPOON**   **KNIFE**

తెలుపు   నుదిటి   చెంచా   కత్తి

Can you circle the hidden words?

Y	A	B	O	W	M	H	J	C	U
G	U	D	N	G	M	Y	D	T	J
N	F	E	Q	D	P	Q	Q	F	I
W	Z	B	R	M	H	R	E	Y	Q
U	P	Z	S	Y	S	U	C	T	W
E	F	O	R	E	H	E	A	D	T
W	F	I	N	G	E	R	S	R	N
U	U	A	Y	A	T	V	F	S	B
O	U	S	I	M	M	E	R	H	L
V	S	K	S	Y	Z	N	T	G	J

BOW

వంగడం

SIMMER

ఆవేశమును

FINGERS

వేళ్లు

FOREHEAD

నుదిటి

Can you circle the hidden words?

B	A	R	T	E	N	D	E	R	R
T	D	A	E	O	S	Z	E	C	I
O	V	P	B	C	O	N	K	F	S
A	B	O	O	K	A	Z	C	D	F
P	A	P	E	R	Z	C	R	Y	H
S	H	W	R	I	T	E	G	W	A
K	Q	C	U	K	E	C	S	I	Q
U	A	G	B	O	D	N	O	T	Z
J	A	S	J	U	J	Y	T	E	L
E	H	C	J	Y	P	R	O	N	B

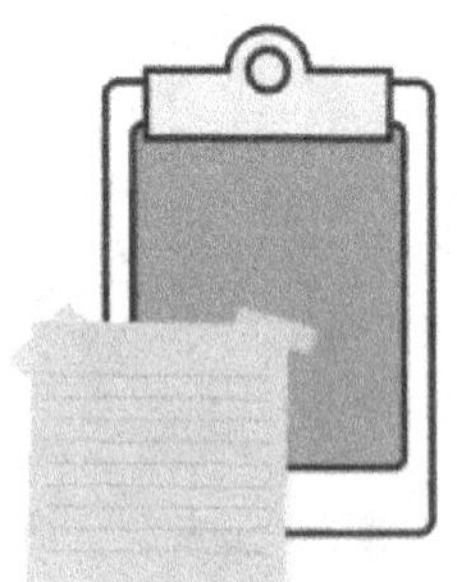

PAPER

పేపర్

WRITE

వ్రాయడానికి

BOOK

పుస్తకం

BARTENDER

BARKEEPER

Can you circle the hidden words?

M	O	N	K	E	Y	Y	T	A	Q
F	V	Z	D	U	D	H	X	O	L
Y	Z	P	I	T	C	H	E	R	R
Q	Q	A	Q	F	P	H	D	I	Z
E	N	H	A	M	M	E	R	D	A
U	G	G	H	D	B	S	S	O	C
P	U	A	N	F	X	N	I	X	P
R	Z	I	L	K	X	B	S	L	L
F	N	H	B	V	T	W	B	Q	Z
I	O	W	C	O	W	S	U	F	S

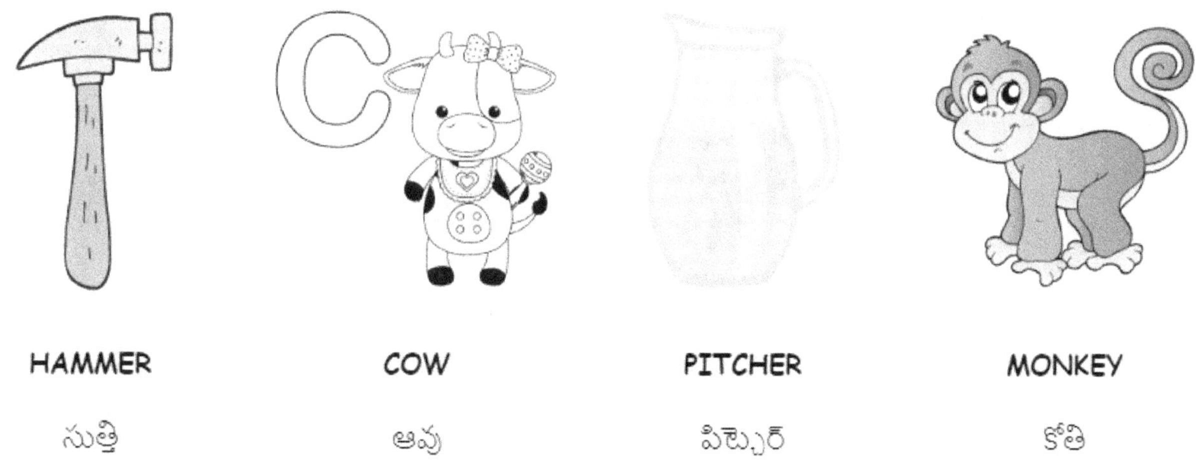

HAMMER	COW	PITCHER	MONKEY
సుత్తి	ఆవు	పిచ్చర్	కోతి

Can you circle the hidden words?

I	G	M	O	T	H	E	R	P	I
Q	N	S	T	O	M	A	C	H	Q
L	E	F	S	T	T	Y	B	W	S
T	I	Q	L	Q	K	Z	G	H	X
L	Y	H	M	Y	Q	J	Q	A	P
Z	E	O	R	A	N	G	E	S	Y
V	P	T	J	S	Z	U	C	U	W
D	Y	X	J	F	O	R	K	Z	W
N	L	C	I	N	X	L	W	Z	J
G	Q	D	C	T	Z	W	L	G	P

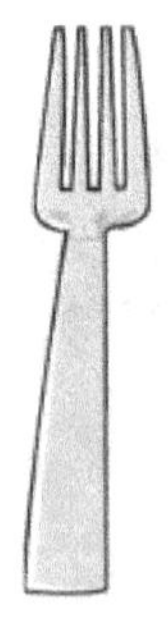

FORK

ఫోర్క్

STOMACH

కడుపు

ORANGE

నారింజ

MOTHER

తల్లి

Can you circle the hidden words?

```
V  B  T  L  C  J  Q  J  I  H
G  W  L  R  A  B  B  I  T  A
U  T  D  L  Q  L  Q  X  T  M
J  U  R  R  B  M  D  O  B  K
I  A  G  T  F  W  P  Q  C  W
P  T  U  R  K  E  Y  Z  Y  G
Q  V  D  B  J  T  P  J  I  H
H  G  U  B  R  U  S  H  L  D
H  K  L  T  F  I  W  I  N  Q
Y  K  Y  Z  K  V  V  R  M  X
```

RABBIT

కుందేలు

TURKEY

టర్కీ

WIN

గెలుపు

BRUSH

బ్రష్

Can you circle the hidden words?

W	F	W	J	P	F	O	U	R	L
R	V	B	U	B	P	H	N	B	G
I	B	E	L	L	B	O	Y	U	T
K	D	O	I	B	G	U	A	J	V
M	U	X	W	V	I	B	N	R	Q
P	I	W	Y	H	L	I	T	R	U
C	R	I	C	K	E	T	P	R	S
I	C	U	P	B	O	A	R	D	C
F	B	F	E	M	O	W	P	R	H
M	P	H	X	U	Z	V	M	U	F

CRICKET

క్రికెట్

BELLBOY

కూలి

CUPBOARD

అల్మరా

FOUR

నాలుగు

Can you circle the hidden words?

K	D	C	S	I	R	N	N	G	T
S	V	K	B	U	O	U	M	O	W
D	S	V	W	C	R	E	A	M	E
K	H	I	P	S	J	M	O	P	M
U	U	C	R	F	A	N	N	K	Y
Y	A	N	C	A	Z	Z	M	I	I
Y	C	B	R	D	U	W	I	V	C
G	F	U	V	I	X	E	Y	Z	W
T	K	G	O	W	C	A	U	U	V
Y	S	B	Q	C	H	A	I	R	E

CHAIR

కుర్చీ

FAN

విద్యుత్ పంక

HIPS

పండ్లు

CREAM

క్రీమ్

Can you circle the hidden words?

D	Q	N	L	T	O	L	F	H	W
S	C	D	V	K	D	T	X	Y	W
A	M	O	U	T	H	B	Y	S	G
V	P	M	V	R	B	Y	J	O	W
Y	V	G	S	M	K	W	T	F	L
J	S	O	Y	O	H	Z	R	C	Z
B	Y	Y	R	A	Z	O	R	G	T
E	U	N	W	R	E	N	C	H	G
M	Z	X	Q	W	H	I	T	E	A
T	J	B	K	R	K	R	T	S	C

RAZOR

రేజర్

WRENCH

రెంచ్

MOUTH

నోటి

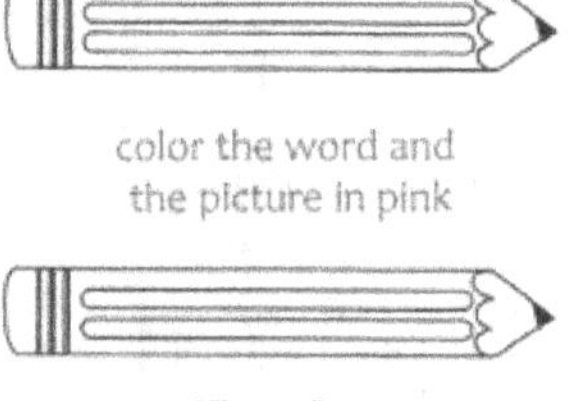

WHITE

తెలుపు

Can you circle the hidden words?

J	T	L	I	W	X	U	M	G	X
R	W	G	W	U	R	B	C	X	G
U	C	M	B	L	I	N	D	S	W
B	A	P	U	D	D	I	N	G	Q
U	F	A	O	M	Z	R	A	V	I
R	C	M	V	M	O	P	S	C	I
L	A	D	T	O	V	C	K	N	R
F	K	E	Q	Z	J	A	X	N	P
S	Z	S	A	L	A	D	S	I	E
N	Z	G	S	O	T	E	Q	W	W

SALAD

సలాడ్

MOPS

MOPS

PUDDING

పుడ్డింగ్

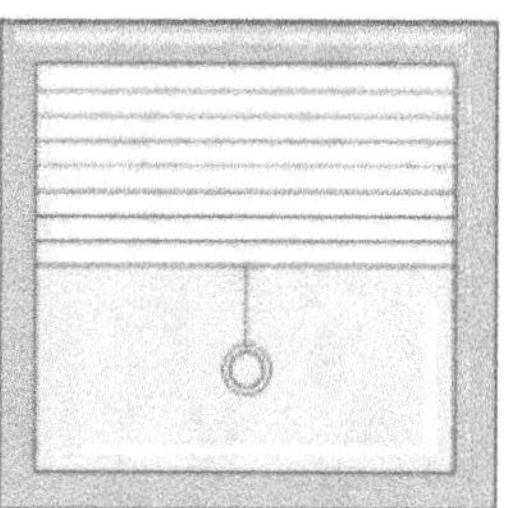

BLINDS

BLINDS

Can you circle the hidden words?

N	Q	T	K	G	R	S	E	I	E
N	M	O	N	W	B	D	U	V	L
A	J	G	O	V	T	J	L	G	Q
X	J	P	W	W	O	P	U	R	G
O	T	E	I	G	H	T	Z	E	J
D	J	N	M	G	C	P	P	G	C
L	P	T	U	R	K	E	Y	R	D
L	V	T	Q	F	A	L	U	I	G
H	O	P	E	C	H	E	S	T	Q
V	P	I	C	T	U	R	E	K	G

HOPE CHEST

డ్రాయర్‌తో బాక్స్

EIGHT

ఎనిమిది

PICTURE

పిక్చర్

TURKEY

టర్కీ

Can you circle the hidden words?

```
T  E  L  E  V  I  S  I  O  N
V  K  S  W  T  A  M  K  F  U
X  V  D  E  O  X  H  V  Q  G
Y  J  U  N  O  S  E  O  M  X
M  J  T  J  B  W  Z  L  V  W
Y  X  J  S  I  S  T  E  R  C
J  I  Q  N  A  K  E  G  U  W
V  R  F  F  L  U  Q  U  Y  M
M  B  C  R  E  A  M  P  Z  C
N  F  E  U  O  W  S  Z  W  M
```

SISTER

సోదరి

CREAM

క్రీమ్

TELEVISION

టెలివిజన్

NOSE

ముక్కు